プレイ・マターズ　遊び心の哲学

Play Matters

ミゲル・シカール　著

Miguel Sicart

松永伸司　訳

Playful Thinking

FILM ART

フィルムアート社

PLAY MATTERS
by Miguel Sicart

Japanese translation published by arrangement with The MIT Press
through The English Agency (Japan) Ltd.

遊び心をもって考える——Playful Thinkingシリーズについて

多くの人（このシリーズの編者を含め）は、ビデオゲームをプレイしてすかっとした気分になる。しかし、なぜそうなるのかをじっくり考えるのもまた、それに劣らず面白いことだ。ビデオゲームとはどんなものなのか。それは何に使えるのか。それは実際にどんな働きをするのか。それはそれ以外の物事とどんなふうに関係するのか。遊びはなぜこれほど重要で力強いものなのか。

Playful Thinkingシリーズは、短くて読みやすく、そして議論を引き出す本のシリーズだ。どの本も、その主題であるゲームと同じく、ある種の遊び心と刺激に満ちている。それぞれの本はバックパックやコートのポケットに収まるサイズだが、十分な奥深さと読みやすさを備えている。それらは、もっと深く考えながら遊びたいという読者や、もっと遊び心をもって考えたいという読者のための本だ。想定している読者は、たとえば研究者、ゲーム制作者、好奇心のあるプレイヤーなどだが、もちろんそれ以外の方々にも読んでいただきたい。

結果として、このシリーズで扱う範囲はかなり広い。それぞれの本のなかでは、新しい洞察や興味深い議論が、ゲームスタディーズやそれ以外の研究分野の知見とブレンドされたかたちで示される。範囲の幅広さは、それぞれの本のタイトルや著者の顔ぶれからわかるだろう。このシリーズのベースには、次のようなごくシンプルな想定がある。ビデオゲームはとても盛り上がっている表現媒体だ。それゆえ、それを新しい視点から眺めれば、これまで知られていなかったものや見過ごされてきたものが明らかになるにちがいない。そうした視点には、アーティストや哲学者、あるいはビデオゲーム関連以外の業界や研究分野の専門家といった人々の、型にとらわれない見方も含まれる。このシリーズの本は、新しい知識と新しい考え方を通してビデオゲームとそのほかの領域を橋渡しし、新しい何かが生まれるきっかけを作るだろう。

Playful Thinkingシリーズの趣旨は以下に尽きる。「新しい切り口でゲームについて考えること」、そして「ゲームという観点から新しい切り口でゲーム以外の物事について考えること」だ。

シリーズ編者
イエスパー・ユール
ジェフリー・ロング
ウィリアム・ウリッキオ

プレイ・マターズ　目次

凡例

・本書は、Miguel Sicart, *Play Matters*（The MIT Press, 2014）の翻訳である。
・〔 〕は訳者による補足説明をあらわす。ただし、大幅に意訳している箇所では補足部分を明示していない。
・［ ］は原著者による補足・省略をあらわす。
・ゲームタイトル、映画タイトル、アート作品タイトル、書籍名、雑誌名は『 』、論文タイトルは「 」で示した。
・本文中および原註における引用箇所は原則的に本書訳者による訳だが、既訳がある場合は適宜参考にした。
・原註は（ ）付きの数字で、訳註は＊付きの数字で示し、巻末にまとめた。

謝辞

本書の執筆を口実にして、たくさんのすてきな人たちに会い、そうした人と一緒に働き、そうした人たちから学び、そしてそうした人たちを教えることができた。何よりもまず、本書のおかげで、ダグ・セリーをはじめとしたMIT出版局のスタッフと再び仕事をする機会を得た（彼らと仕事をするのはいつも楽しい）。また、Playful Thinkingシリーズの編者たち、イエスパー・ユール、ジェフリー・ロング、そしてとくにウィリアム・ウリッキオには、本書の構想段階で計り知れないほどの助言をもらった。そして、本書の改善につながる批判的なコメントをくれた匿名の査読者たちにも感謝したい。

本書は、T・L・テイラーとダグ・ウィルソンから着想を得たものであり、また両者に多くを負っている。そのほか、ゴンサロ・フラスカ、バート・サイモン、ヤッコ・ステンロス、オッリ・レイノは、本書の着想源であると同時に挑戦相手でもある。

本書の骨組みが固まったのは、二〇一一年にコペンハーゲンIT大学で遊び心あるインタラクションをデザインするという授業を担当していたときだ。授業に根気よく参加してくれた学生たちに感謝したい。

また、コペンハーゲン・プレイ・フェスティバル（w00t.dk）の主催者たち、とくにトーマス・ヴィギルとコペンハーゲン・ゲーム・コレクティブのメンバーにも感謝したい。彼らのおかげで、二〇一三年のフェスティバルの期間中に本書の短いバージョンを発表する機会を得た。

本書は、草稿を読んで助言をくれた何人かの人から恩恵を得ている。該当する方はそれが自分だとわかるだろうし、わたしがどれくらい感謝しているかも伝わっていると思う。とりわけゼバスティアン・デターディングとゼバスティアン・メーリングの生産的な批判と洞察は、本書に大きく反映されている。

最後にアーネに。一番必要なときに手助けと笑顔をくれてありがとう。

本書をカルロスとシラスに——遊びにおける混沌と秩序の作り手たちに——捧ぐ。

本書の読み方

本書の註の数を見ていただきたい。なんと何百個もある（そう、何百個もある）。とはいえ、うんざりするべからず。註をまったく読まなくても本書は読めるからだ。たしかに註はそこかしこで読者を待ち受けてはいるが——付きまとってくるとすら言えるかもしれない——その相手をしなくてもとくに問題ない。

遊びについて——そしてなぜそれが重要《マター》かについて——もっと知りたいということなら、本文をどんどん読み進めればいい。読んでいて気になることやよくわからないこと、あるいはもっと詳しく知りたい概念が出てきたなら、註を見るといい。註は本文の話をさらに広げて、本書の立場とは別の考えや視点や問いを示してくれるだろう。

註は本書の拡張機能《エクステンション》だが、本書のウェブサイト「playmatters.cc」も同じ機能を持つ。どちらも本書の範囲をこえて遊びの重要さを考えるのに使っていただければと思う。

Chapter 1

遊び

Play Is

遊びについて考えよう。あなたにとって遊びとはどんなものだろうか。

思い浮かんだことは何だろう。気晴らし？　ゲーム？　子どものやること？　仕事の反対？　学びのもと？　それとも、いまやりたいこと？　いや、もっとよく考えよう。そもそもわたしたちは遊びについてどれだけのことを知っているのか。

まずは軽く準備運動から。自分が日々やっていること、つまり一日を組み立てている作業を数え上げてみよう。仕事、余暇の楽しみ、それからそのどちらでもないがしなくてはいけないこと、そうしたものすべてだ。

あなたは、そうした作業をどんな具合にやっているだろうか。気分よくできていて、しかも十分な休息にもなっている？　もしそうなら、たぶんそれは作業を楽しめていて、毎日を遊び心ある[*1]やり方で過ごせているということだ。気分のよさは、遊ぶ時間――独特な仕方で生活する時間――を与えてくれるだろう。わたしたちは、遊びを通して生活を満喫すること、つまり楽しむことに、いつも惹かれている。

遊ぶことは、世界のうちに存在することだ[*2]。それは、自分を取り巻いているものを、そして自分が何者であるかを理解する形式であり、他者と関わりあう方法だ。遊びは、人間であることのひとつのモードなのだ。

わたしたちは、刺激的な時代に生きている。次のような主張を目にしたことがあるかもしれない。いまやあらゆる場所にゲームがある。知識人や芸術家、政策立案者や公共機関は、まじめで面白みのない目的のためにゲームを作っている、と[(1)]。あるいは、ゲームが「二十一世紀の支配的な文化のあり方」になるという話を聞いたこともあるかもしれない[(2)]。あるいはさらに、ゲーム開発者たちが二十一世紀は「ルーディックな[*3]「つまり遊び中心の」世紀」になると言ったりすることもある[(3)]。

わたしは、こうした考えには一部同意しない。ゲームが重要なのではない。ゲームをむやみに持ち上げるのは、古い説話にあるように[*4]、月を指さしているのに、月ではなく指を見るというようなまぬけだ。ゲームは指であって、遊びこそが月なのだ。

実際のところ、遊びは、現代の先進国の社会において主要な表現方法になっている。わたしたちはたしかにゲームを遊ぶが、それ以外にもいろいろなやり方で遊ぶ。おもちゃで遊ぶこともあれば、遊び場で遊ぶこともあるし、テクノロジーやデザインで遊ぶこともある。そして遊びは、哲学者たちが考えてきたのとはちがって、[(4)] たんにふざけていて無害でカプセルに入ったポジティブな活動というわけではない。ほかの存在のモード[*5]がそうであるのと同じように、遊びは危険なものになることがある。遊びは、痛みを伴うものや有害なものにもなりえるし、反社会的なものや人を堕落させるものにもなりえる。遊びは人間性のひとつのあらわれだ。それは世界を表現するために、そして世界のうちに存在するために使われる。

遊びとは何かを理解するために、ここで遊びについてのお手軽《ポータブル》な理論――これは理論というよりレトリックかもしれない――を提唱しておこう。[*6] わたしは、戦争、儀式、ゲームといった具体的な物や活動の観点から遊びを理解しようとは思わない。かわりに、遊びは存在のためのポータブルな道具であると考える。遊びは〔はじめから〕物に結びついているわけではない。むしろ遊びは、人間によって、日常生活をかたち作る物事との――そしてそれらの物事のあいだの――複雑な相互関係のなかに持ち込まれるものだ。

なぜいま遊びの理論が必要なのか。わたしたちの文化では、「遊び心がある」はポジティブな言葉になっている。たとえば、二〇一一年に出版されたスティーブ・ジョブズの伝記の著者は、アップルコンピュータのデザインを称賛する言葉として「遊び心がある」を使っている。[(5)] もともとそのデザインは、味気ない業務機器との対比というコンセプトで作られたものだ。アップルの「遊び心ある」デザインは、遊びを個人的な表現として——美しさとして、カウンターカルチャー的な政治姿勢として、あるいは道徳的な価値として——理解するというアイデアにもとづいている。そしてまさにそれが現代文化における遊びの立ち位置であり、その価値なのだ。

しかし、その重要さにもかかわらず、わたしたちはいまだに古くさいモデルを使って遊びを理解しようとしている。遊びの理論は、たいていオランダの文化史家ヨハン・ホイジンガ——ホモ・ルーデンスという概念を作り出したことで知られる——の研究をもとにしている。[6] ホイジンガによれば、遊びとは、疑問の余地のないルールによってひとつの別世界を作り出す公正な争いだという。この本は、そうしたホイジンガ的な遊び論の伝統につらなるものではない。わたしがここで提唱している遊びの本性は、ホイジンガのそれとは異なっている。

わたしは、遊びを、現実や仕事、儀式やスポーツと対置するつもりはない。というのも、遊びはそうしたもののすべてに見いだせるものだからだ。遊びは、言語、思想、信仰、理性、神話などと同じように、世界のうちに存在するモードの一種である。[7]

また、遊びは必ずしも楽しい（fun）ものではない。それはたしかに快を与える（pleasurable）ものではある。しかし、遊びが作り出す快は、必ずしも楽しさや気分のよさといったポジティブな質によるわけではない。遊びは、それがわたしたちを傷つけたり、いら立たせたり、悩ませたり、わたしたちに課題を与えたりするときにも、あるいは場合によってはわたしたちが遊んでいないときにすら、快を与えるものになりえる。そういうわけで、遊びを楽しいものとして語るよりも、快を与えるものとして語ったほうがよい。この考えは、世の中に快の無数のバリエーションがあることに目を向けさせてくれるだろう。

遊びは危険なものにもなりえる。(8) 遊びは、中毒を引き起こしたり生活を破壊したりすることがあるし、そのほかいろいろな種類の害をもたらすこともある。たとえば、ケガをするとか、友人関係にひびが入るとか、気持ちが落ち込んでしまうとか、そういった害だ。遊びは、創造と破壊、創造性とニヒリズムが入り交じるダンスである。遊びの活動は、はかなく、張り詰めていて、壊れやすい。一人遊びは、〔そうした壊れやすい遊びを〕遊び続けることを自分に課すという意味で、自分自身に対する挑戦だ。集団での遊びは、〔遊びが壊れないように〕複数のエゴと利害、複数の目的と意図のバランスをとる営みだ。そういうわけで、遊びはつねに、それ自体の崩壊に、そしてプレイヤーの破滅に瀕している。そして、遊びがなぜ重要であるかの理由は、まさしくこの点にある。遊びは、秩序と混沌を行き来する運動なのだ。(9) 遊びは、悲劇がそうであるのと同じように、秩序と混沌のあいだで揺れ動くあやういバランスをなんとか保っているときにこそ、その表現の力を発揮する。こうした遊びのあり方は、ダークプレイという概念(10)がまさに示していることだ。*7 そこでは、遊びと遊びでないものの境界、演技と隠し事の境界がどこにあるのかが探求される。(11) ダークプレイには、潜在的な危険と爽快な結果がある。そのようなものとしてのダークプレイは、世界のうちに存在するモードとしての遊びの本性の〔快を与えるという側面とは異なる〕もうひとつの顔——危険な顔——なのである。

遊びはさらにカーニバル的でもある。[12] 遊びは、行事や組織や制度を乗っ取って、それらを笑いものにしたり、卑小なものにしたり、逆にくそまじめなものにしたりする。中世のカーニバルは、権力を一時的に宙づりにすることで、慣例と制度を転覆させる力を持っていた。[13] その意味で、それは自由の徴候だった。[14] カーニバル的な遊びは世界をあやつり、プレイヤーが探索すべきもの、挑戦すべきもの、転覆すべきものとして世界を提示する。カーニバル的な遊びは〔世界のうちに〕存在する。それは、それがひっくり返す世界の一部なのだ。わたしたちは、カーニバル的な遊びを通して、自分自身を表現する。そこでわたしたちは、世界を乗っ取って笑い飛ばすと同時に、世界に意味を見いだすのである。

有名なTwitterのボット(ある意味で非ボット)であるHorse_ebooksを考えよう。[15] このアカウントはもともとただのスパムボットだったが、その後自動装置的なファウンドアート作品[*8]になり、最終的にパフォーマンスアート作品となった。[*9] Horse_ebooksは、カーニバル的なものの完璧な実例だ。このそれは、現代のコンピュータ時代における危険な遊びと遊び心のあらわれにほかならない。この(非)ボットからアートになった作品は、社会的な状況とテクノロジーを利用して、わたしたちの期待をもてあそび、わたしたちの気持ちを台無しにした。しかし、それは同時に、世界の新しい見方や、わたしたち自身を新しい視点から理解する方法を示してくれるものでもあった。実はHorse_ebooksは、〔ある時点から〕パフォーマンスアーティストのジェイコブ・バキラに乗っ取られていた。バキラの意図は、マリーナ・アブラモヴィッチに着想を得たデュレーショナルアート[*10]のやり口でTwitterボットになりすまし、それを通して新しい地平を探求するというものだった。バキラは、ボットになりすますことで、Twitterに対するわたしたちの見方や、わたしたちの娯楽を牛耳っているテクノロジーをからかっていたわけである。Horse_ebooksが実は人間だったということが暴露されて裏切られたと感じる人もいたが、そうした感覚は、まさにカーニバル的なダークプレイの例として理解できるだろう。それは、痛みを与えつつもわたしたちの人生を豊かにするものなのだ。

先に述べたように、この本で示したいのは、ゲームを通した遊びの理論ではない。ゲームはたいして重要ではないのだ。ゲームは、遊びのたんなるひとつのあらわれ、ひとつの形式であって、唯一の形式ではない。たしかに、ゲームは遊びの形式のなかでもっとも強力なものであり、文化的にも経済的にも優勢だ。しかし、ゲームは、遊び道具と遊びの文脈——たとえば、おもちゃ、遊び場、政治的なふるまい、美的なパフォーマンスなど——からなる生態系の一部である。そうした道具や文脈を通して、遊びは表現としての働きを持つことになる。この本は、さまざまな事例をもとにしてこの生態系を探究するものだ。たとえば、ふつうのビデオゲームやボードゲーム、スポーツ、アクティヴィズム、クリティカル・エンジニアリング、インタラクションデザイン、おもちゃ、遊び場といった事例が取り上げられる。こうしたさまざまな文化的な表現をひとまとめにし、そしてそれらを重要なものにしている力——それが遊びである。

わたしは、この本の野望が大きすぎることも、わたしの能力に明らかな限界があることも自覚している。わたしが示そうとしているのは、遊びのロマン主義的な理論（あるいはレトリック）だ。この理論は、創造性と表現〔というロマン主義が重視した事柄〕が、この二十一世紀前半のきわめて後期ロマン主義的な文化環境のなかで発展してきているという発想にもとづいている。[16] わたしは、ポストモダンの文化産業によって支えられている遊び観——道具化された機械論的な考え方——に対する反動として、この遊びの理論を提唱している。それは、効率性、まじめさ、技術決定論に対する抵抗として遊びを召喚し、遊び心による武装を呼び掛けるという役割を持った理論である。[17]

時代が変われば、わたしの理論は必要なくなるだろう。しかし、現時点では、わたしたちは遊びに関わる物事についてよく考え、そして表現の手段、世界との関わり方としての遊びを——消費活動ではなく生産活動としての遊びを——取り戻さなければならない。文学、美術、音楽、ダンスと同じように、あるいは政治、愛、数学と同じように、遊びは、わたしたちを世界のうちに存在させるとともに、それを表現するモードである。

実際のところ、遊びは、人が道徳的な意味で幸福になるための、つまり健全で成熟した不足のない人生を送るための基礎になる要素だ。わたしたちは、遊びを通して、世界を経験し、構築し、破壊する。そして、遊びを通して、自分自身が何者なのか、わたしたちは何を言うことができるのかを探求する。遊びは、道徳的なしきたりから自由にしてくれるが、同時にそうしたしきたりを眼前に突きつけ、それによってその存在感や重要さに気づかせてくれるものでもある。

　わたしたちが遊びを必要としているのは、まさにわたしたちが、社会の道徳的な仕組みについての型通りの理解からときおり距離をとって、自由になることを必要としているからだ。わたしたちは、何が価値あるものかを理解し、その理解を実践につなげるだけでなく、そうした価値観を疑うことでそれを無意識の習慣以上のものにしていかなければならない。遊びが重要なのは、そうしたことを可能にするからである。

　わたしたちが遊ぶのは、わたしたちが人間だからである。そして、わたしたちは、何がわたしたちを人間に――進化論的あるいは認知科学的な意味での人間ではなく、人文学的な意味での人間に――しているのか[18]を理解する必要がある。遊びは、わたしたちを互いに引き合わせる力であり、世界や他者や自分自身を説明する手段だ。遊びには、わたしたち自身――どうなりたいのか、あるいはどうなりたくないのか――があらわれる。遊びは、人間がすることである。

＊

というわけで、あらためて問おう。遊びとはいったい何なのか。

わたしの一日は、昔から遊びを中心に組み立てられている。朝食前にはレゴブロックとミニカーで遊び、就寝前には『Drop7』と『SpellTower』をプレイする。プリンターの印刷待ちのときは『のびのびBOY』で時間をつぶし、学会のお伴は『Desert Bus』だ。むしろ、遊びのあいまに生活をしていると言ったほうがよい。おそらくそういう生活をしているせいで、わたしは遊びが時間を区切るものだと思っている。一日、一週間、一ヶ月、一年といった時間の長さは、遊びにどれだけの時間を費やしたかを測るための恣意的な区分けでしかないように思われるのだ。

以下では、遊びとは何かを定義することを無謀にも試みたい[19]。ほかの人間活動と同じく、遊びは何か型にはめて理解しようとしてもうまくいかない。〔そうしたやり方で〕定義を試みても失敗するだけだ。それゆえここでは、その時々であり方が変わるという遊びの移ろいやすさに注意を払いながら、遊びのミニマルな定義を考えてみたい[20]。遊びがどんなものかを理解することから始めよう。

〔第一に〕遊びは文脈に依存する（contextual）[21]。遊びに対するよくある理解では、遊びの文脈とは、ルールによって正式に範囲が定められた空間と、遊びのコミュニティだとされる。しかし、実際のところは、遊びの文脈はもっと複雑だ。遊びの文脈は、人間、ルール、話し合い、場所、物からなる乱雑なネットワークである。遊びは、人、事物、空間、文化がもつれあう世界のなかで行われる。

わかりやすい例としてスポーツを挙げよう。サッカーの規則は、試合が正式に行われるための空間を次のように定めている。「競技規則で認められた」「天然または人工」の表面〔第1条〕。しかし、セミプロのサッカーを考えればわかるように、実際にはその文脈には、〔実際にプレイが行われるフィールドだけでなく〕スタジアムの建物や観客に公開される練習グラウンド、さらにはそれを取り囲む大きな都市空間のなかでの競技場の位置なども含まれるはずだ。貧しい地区で人を集めてやるサッカーの試合と、裕福な地区で人を集めてやるサッカーの試合は、同じものではない。試合の重みがそれぞれでちがうだろうし、結果としてルールの解釈やさらにはプレイスタイルまでもが異なるだろう。[22]

遊びが行われる環境、遊びに使われるテクノロジー、未来の遊び仲間。遊びの文脈は、こうしたものからなる。[23] 遊びの文脈は、遊びを成り立たせるのに必要な事物、人、場所のネットワークだ。遊び場は、純粋な遊びの文脈である。それは、遊びの文脈であるという以外の機能を一切持たない隔離された空間なのだ。とはいえ、ほとんどすべての空間は遊び場になりえるというのもまた事実である。

ある特定の文脈が遊びの文脈であるかどうかは、どうやって見分けることができるのか。ひとつには、当の空間や事物や集団が遊びのために存在しているということを示唆する手がかりが、物に組み込まれていることがよくある。たとえば、仮面と仮装、メリーゴーラウンド、ゲームコントローラなどは、どれも当の物が使われる文脈で遊びが許されることを示している。そうした手がかり

を見れば、プレイヤーは、その空間と状況が遊びの可能性に開かれたものであると解釈するだろう。(24)

人工的に作り出された物や状況は、そのような仕方で遊びを示唆することができる。大半の遊びは、まさにその活動のためにデザインされた文脈のなかで行われる。(25) 重要なことだが、遊びは、ほかの表現形式とはちがってデザインすることが可能なものだ。(26) ここでの「デザイン」は、バウハウス由来の意味でのデザイン——つまり、ある機能のために物をかたち作ること(27)——だけを指すのではなく、もっと広い意味でのデザインを指している。遊びがデザインされるというのは、遊びの発生をうながすために作られた事物を通して遊びが媒介されるということである。

遊びとコンピュータの相性が非常によい理由は、まさにこの点にある。コンピュータは万能機械だが、それを動かすにはそのためにデザインされた命令が必要になる。〔コンピュータに命令が必要なのと〕同様に、遊びには特定のデザインの要素——物理的なデザインの場合もあれば文脈のデザインの場合もあるが、いずれにせよ、それを通してわたしたちが遊んでもよいということや遊び心を発揮してもよいということを知るような要素——が必要になる。これがコンピュータ時代において遊びが繁栄している理由である。

遊びの文脈は、どのようにデザインされるのか。これを理解するひとつの方法は、ルールについて考えることである。プロスポーツに見られるような厳格に遵守されるルールであれ、子どものゲームに見られるような流動的で不安定なルールであれ、遊びとルールは手を取り合っている。(28) ルールは、遊びの文脈を作り上げるとともに、それが遊びの文脈であるという理解を共有することを可能にする形式的な道具である。あらゆる遊びの文脈は、なんらかの意味でのルールを含んでいる。

ルールの本性についてはすでに多くのことが論じられているが、ここでわたしはルールとは何かを説明したり議論したりしたいわけではない。ここで言いたいのは、遊びはルールから生まれ、ルールによって媒介され、ルールを通して位置づけられるということだ。ルールは、遊びがどこで行われるか、いつ遊びが終わるか、どんな場合に遊びの文脈に戻ることができるか、といったことを定める。ルールは、紙切れに書かれることもあれば、数行のプログラムコードで書かれることもある。またルールは、審判が維持することもあれば、電気回路によって維持されることもあるし、友人同士がみんなで維持することもある。さらに、ローカルルールのように、歴史と場所によって維持されるルールもある。

ルールは、遊びの文脈――つまり、そのなかで遊びが生じる枠組み――を作り出すファシリテーターである。(29) とはいえ、ルールは遊びの文脈の要素のひとつでしかないし、そのなかで一番重要な要素というわけでもない。遊びが生まれるにはルールが必要だが、ルールがあるだけで遊びが生まれるわけではないのだ。遊びには、［ルールに加えて］プレイヤーおよび遊ぶという明確な意志が必要である。(30) さらに重要なのは、遊びのルールは決して破ってはいけないものではないという点だ。(31)

ルールは、遊びの文脈の複雑なネットワークにおけるノードであって、遊ぶという目的に対する手段でしかない。遊びが持つ変形の力は、〔世界を標的にするだけでなく〕ルールを標的にすることもある。[32]

昔ながらの考えでは、ルールは遊びが持つ唯一の不変の要素だとされてきた。ルールが破られてしまえば、遊びは終わってしまう。それゆえ、ルールを破る者は誰であれ道徳的に罪深い、というわけだ。[33] より最近の見方では、遊びのルールはもっと柔軟で解釈を受け入れるものだとされる。[34] ルールについて議論し、ルールを解釈することは、遊びの活動のなかで決定的に重要な部分である。ルールに関する話し合いは、遊びの文脈を強固なものにする。ルールを考え、操作し、変更し、適合させること。これらは非常に重要な遊びの構成要素だ。遊びの文脈を支えるものとしてのルールは、個々の状況において生じる必要性に対処するかたちで、遊びの最中に変わっていく。

遊びは、創造と破壊のあいだで緊張状態にある活動でもある。[35] 遊びにはつねに危険が伴う。それは、リスクに手を出し、創造と破壊を行い、同時に創造と破壊のあいだのバランスを注意深く維持する活動である。遊びは、秩序と創造から生じる合理的な快と、破壊と再生から生じる見境のない陶酔のあいだ、つまりアポロン的なものとディオニュソス的なもののあいだにある。[36]

ニーチェによれば、〔ギリシア〕悲劇は、ギリシア文化に見られる二つの方向性の緊張関係――秩序の文化と無秩序な酒乱文化の緊張関係、彫刻芸術と音楽芸術の緊張関係――をまとめ上げたものだという。芸術家はこれら二つのあいだを行き来するわけだが、ギリシア悲劇というジャンルは、両者をうまい具合に混ぜ合わせている。そこでは、アポロン的な芸術が持つ秩序や落ち着きと、具現的で熱烈で非合理的で無意味なディオニュソス的な芸術とが、緊張感をもって対置されているのだ。[37]

アポロン的な方向性とディオニュソス的な方向性という考え方を使うと、遊びの文脈のなかでプレイヤーがどのようにふるまうかが説明できる。遊んでいるときのわたしたちは、自分の行為をなんらかの文脈のうちに位置づけることで、なんとか世界を意味あるものにしようと奮闘する。この取り組みは、遊びが与えてくる障害物や要求に意味を見いだそうとすることだけではない。それはまた、遊びにおいて永久になくなることのない誘惑――文脈を壊したり、ルールを破ったり、遊びを堕落させたりする誘惑、あるいは逆に、合理性と構造をすべて取り払ってしまって、遊びの陶酔的な気持ちよさに身を任せてしまう誘惑――に意味を見いだそうとすることでもある。

この緊張関係は、たとえばレゴブロックで遊んでいるときにもあらわれる。何のプランも説明書もなしにブロックを組み立てているとき、わたしはたまに、それが崩れるところを見たいというだけの理由で、できるだけ背の高い建物を作ろうという誘惑に駆られることがある。不安定なブロックのてっぺんにひたすら新しいピースを積み重ねていって、できるかぎり高くすることを目指す。それから、できあがった自分の作品を見つめ、それをちょんと押す。時間を浪費する快、そして崩れたピースが床に散らばる快。これらは破壊的な遊びの快、つまりアポロン的な世界の建造物にデイオニュソス的な終わりをもたらすことだ。

このように遊びは、秩序と混沌の戦い、創造する意志と破壊する意志の戦いである。[38] 遊ぶことが人間性の肯定になるのは、両者のバランスを保つ努力をしなければならないからだ。言い換えれば、何も考えずに構造化された遊びに引きずり込まれてしまうのを避けながら、[39]〔混沌を求める〕わたしたちの内なる悪魔と、秩序に対する情熱[40]とを結びつけ、両者を並存させなければならないからだ。一方では、ゲームが持つアポロン的な構造をそれほど真剣には受けとらないようにする。もう一方では、秩序に服従するという美徳が陶酔によって破壊されてしまわないようにする。わたしたちは、そのようにして遊ぶのである。

アポロン的なものとディオニュソス的なものの緊張関係は、どのようにして調和がとれたかたちで維持されるのか。どのようにして遊びは、それ自体の破壊に巻き込まれることなしに何かを探し求めたり表現したりできるのか。古典的な遊びの理論からの答えは、おそらく次のようなものだろう。遊ぶことはある種のふりをすることであり、そこでは現実から切り離された特定の態度が必要とされる。それゆえ、参加者が遊びをやめることはいつでも可能である、と。[41] しかし、実際のところは、遊びは世界から分離したものではない。それは世界の内側に存在し、そのなかで育つものだ。〔それゆえ、古典的な理論の説明はうまくいかない。〕だとすると、行きすぎた秩序と衝動的な破壊のあいまで遊ぶことはどのように説明すればよいのだろうか。

遊びが両者のバランスを維持しようとするのは、遊びがカーニバル的（carnivalesque）な活動だからである。[42] ロシアの哲学者ミハイル・バフチンによれば、[43] カーニバルは遊びが持つ表現力——創造と破壊の微妙な関係を保つこと——のあらわれだという。[44] 中世のカーニバルでは、一般の人々が風刺やユーモアを通じて自分自身を表現することが、その期間中のみ権力機構によって認められていた。[45] しかし、バフチンが言うカーニバルは、いっときのお祭り以上のものである。カーニバルは近代性《モダニティ》の前兆だ。それは、批判的で自己意識を持った個人の誕生を——〔宗教のように〕別世界によって定められた制度に従う精神ではなく、合理性そのものによって定められた制度に従う精神を持った身体の誕生を——告げている。[46]

カーニバルは、楽しみというよりは笑いを引き起こす。笑いは、支配者層《エスタブリッシュメント》が持つ抑圧的な権力を一時的に無効にすることで、〔既存の〕ものの見方——真実をかたち作るもの——を乗っ取り、〔別様の〕ものの見方の可能性を開く。どのような見方をとるかは自由である。笑いが生まれるには、制度に縛られた世界からの解放という意味での自由が必要だが、同時に笑いは〔ものの見方を変えるという意味での〕自由を生み出すものでもあるのだ。近代性は、笑いの帰結として、つまりカーニバルにおいて生み出される表現の可能性の帰結として理解できるだろう。[47] カーニバルを重要なものにしているのは、笑い——楽しみを与えると同時に、批判的で、とげのある、生々しいもの——である。

笑いとカーニバルは、まじめさに対抗し、わたしたちが生活する社会の制度とは真逆の「アンビヴァレントな全体性」を回復する手段を与えてくれる。(48)ゲーム〔をプレイすること〕は、自由、表現、真理を追求する過程で祝祭的な解放にいたるカーニバル的な行動の一例だ。(49)たとえば『B.U.T.T.O.N.』のように身体を使って騒がしく遊ぶゲームや、初期の『Grand Theft Auto』シリーズのように可能世界を面白おかしく描画するゲームは、遊びを組み立てて経験する際にカーニバル的な笑いが重要であることを示している。(50)こうしたゲームが生み出すのもまた、楽しみというより笑い——快を与えるものではあるが、同時に危険で害をもたらすおそれのあるもの——である。

そういうわけで、〔第二に〕遊びはカーニバル的なものである。遊びは、笑いの姿をとって創造と破壊の釣り合いをとろうとする。遊びは、このカーニバル的な緊張関係を具体化する特性を〔笑い以外にも〕数多く持っている。

〔第三に〕遊びは流用的である(appropriative)。[*11]遊びが流用的であるというのは、遊びはそれが生じる文脈を乗っ取って成り立つものであり、そうした文脈によってあらかじめ成り行きが完全に決められることはありえないということである。

おもちゃ遊びであれゲームであれ、あるいは儀式であれ遊び場であれ、文脈は遊ぶという活動に奉仕する存在になる。(51)身体を使うゲームから例を二つ挙げよう。ひとつはニンジャというゲームだ。ニンジャは、たとえば駐車場とか学校や寮の共有スペースといった公共の場でプレイされることが多い（図1－1）[52]。ニンジャのルールはシンプルだ。まず参加者たちは、お互いに手が届かない程度の距離をとって輪になる。それから、いちにのさんで手のひらを広げてニンジャのポーズをとる。[*12]このゲームの目標は、誰かほかのプレイヤーの開いた手のひらを叩くことだ。ただし、手のひら以外を叩いてはいけない。手のひらを叩かれたプレイヤーは、負けになってゲームから降りなければならない。そして、勝負はプレイヤーが最後のひとりになるまで続く。このゲームの見どころはどこにあるのか。ニンジャはターン制のゲームであり、攻めと守りの素早い動きが一回ずつ許されている。動作を止めることはできないし、立て続けにいろいろな身ぶりをすることもできない。個々のターンごとに、攻めまたは守りの動作を一回行うことができるだけである。プレイヤーは、ニンジャというゲームを通して、場所を乗っ取り、人の輪を作ってはすぐに崩し、その空間を荒らし、それによってその空間を実質的に制圧する。

図1-1　コペンハーゲンIT大学を乗っ取るニンジャ
(Photo by Flickr user Joao Ramos. CC-BY-NC 2.0. http://www.flickr.com/photos/joaoramos/5621465814/sizes/o/.)

一方で、ニンジャは、社会文化的な意味においてもその空間を流用する。つまり、さっきまで駐車場だったところが戦場に変わり、快を生み出す土地として開拓されるのだ。また、このゲームは、学校や職場といった〔まじめな〕公共の場でプレイされる場合には、毎日の長い業務時間を切り抜けるのに役立つ笑いの価値を引き出すことができる。ニンジャは、まさにその乱雑に広がっていくという性格を通じて、それがプレイされる空間を流用しているのである。

もうひとつは『Johan Sebastian Joust』(53)というゲームだ。こちらはより美的な方向性で文脈を流用する。これもまた身体を使うゲームだが、同時にテクノロジーを利用することで身体性が拡張されている。『Joust』は、グラフィックを使わないビデオゲームだ。それぞれのプレイヤーは、PlayStation Move コントローラを手に持ってプレイする。このゲームでは、プレイヤーの動きは、音楽のテンポによって左右される。テンポが速ければすばやく動けるし、テンポが遅ければゆっくりにしか動けない。〔このゲームでは、コントローラがある程度以上で振動すると負けになる。それゆえ〕『Joust』で勝つには、ほかのプレイヤーのコントローラを振動させて負かしていかなければならない。振動の強さはコントローラについている加速度計によって計測されるのだが、その強さの計測は同時に音楽のテンポにも影響を受ける。そして、これらはすべてコンピュータの計算によって判定される。

『Joust』は、たんに大人数が参加するという点で文脈を流用しているわけではない。むしろ、いろ

図1-2　『JS Joust』の真剣勝負（Photo by Bennett Foddy. http://www.foddy.net.）

いろな美的要素を繊細に組み合わせているという点で文脈を流用しているのだ。プレイヤーが手に持つPlayStation Moveコントローラには光るLEDがついており、いまどういうゲーム状態にあるかを〔視覚的に〕プレイヤーに伝える。また、『Joust』は音楽ゲームでもあり、それゆえたんに目で見るだけでなく耳で聞く必要もある。さらに、『Joust』は、ダンスのようなゲームでもある。『Joust』がプレイされているのを見ることは、幻想的なろうそくの光のもとで即興ダンスを目にするのに近い。それは、ありふれた遊び場をパフォーマンスの空間に変え、心を揺さぶる光の振り付けでプレイヤーと観戦者たちを魅了して、遊び心のある爽快さをもたらす（図1－2）[54]。

ゲームであれおもちゃであれ、遊びに使われる物[*13]は、たんに遊びの小道具でしかない。遊びに使われる物のデザインに〔もともと〕どんな意図や意味が込められているかに関係なく、遊びにおいてはつねに、わたしたちはそこに巻き込まれる物に対して遊びの文脈に即した意味づけをしてしまう。遊びは、そこで使われる物を流用することによって成立するものなのだ[55]。

〔第四に〕流用的であることの帰結として、遊びは攪乱的である（disruptive）[*14]。遊びが文脈を乗っ取るとき、それは当の〔もともとあった〕事態を破壊する。この破壊は、笑いを目的とする場合もあれば、楽しさや一時的な快を目的とする場合もある。とはいえ、ほかのあらゆる一時的な快と同じく、遊びもまた、わたしたちの慣習や思い込み、偏見や反感を暴露してかき乱すことがある。わたしたちは、遊び心を発揮して正常な事態を攪乱させる。それができるからこそ、わたしたちは、ある文脈を使って——そしてその内部で——遊ぼうという意図のもとにそれを流用する際に、たんに楽しむ以上のことができるのである。そして同時にそれは、わたしたちが置かれている文脈の隠れた仕組みを暴露することでもある。

このように、遊びは攪乱性を潜在的に持つ。それが発揮された興味深い事例として、アクティヴィズム・パフォーマンスのCamoverがある[56]。Camoverでは、プレイヤーは、街なかにある本物の監視カメラを壊すようにうながされる。そして実際にそれを壊すとポイントがもらえ、獲得したポイントはウェブサイト上で確認できる。この政治的な（かつ違法な）活動は、ゲームに似た要素——

たとえばポイントや、プレイヤーの行為を評価して共有するプレイコミュニティの存在――を使って、政治的なメッセージを伝えている。Camoverは、暴力的で危険な遊びを通じて都市という文脈を攪乱させ、その遊びが行われる都市空間のなかに政治的な状況を作り出しているのだ。それは遊びを通じた介入である。Camoverは、遊びの流用的な性格を利用して、それ自体で社会的で政治的な活動に対する論評になっている。

この遊びの攪乱的な性格の観点から、遊びの危険性も理解できるだろう。遊びは、それが行われる文脈をかき乱す際に、創造的で表現的な力を発揮している。しかし、この力は同時に危険でもある。ダークプレイは、遊びが持つこの荒っぽい側面を探求するものだ。ダークプレイのプレイヤーは、自分たちが本当は遊んでいるということを知らない人々から感情的な反応を無理矢理引き出すために、意図的になんらかの活動（たとえばCamoverのような）を行う。[57] 遊びの攪乱性は、ふだんの慣習に対してショックを与え、警告し、それに挑戦する。[58]

遊びの攪乱性は、さらに危険な領域に広がることもある。[59] 遊びは、わたしたちの心の平穏をかき乱すものにもなりえるのだ。遊びはギャンブルを通じて中毒になることがある。たとえば、宝くじを買うとか、スロットマシーン――計算ずくの勝ち負けバランスによって人間の根っこにある衝動をそそのかすべくデザインされた機械[60]――をプレイするとかいうケースである。遊びの攪乱性が示しているのは、わたしたちが遊びのレンズを通して見ているものが実は世界ではなく奈落の底《アビス》――

わたしたちのもろい心が背負っている深い矛盾と危険――である場合があるということだ。たんに遊びに軽くそそのかされているだけなら、プレイヤーはぶち壊し屋《スポイルスポート》やずるをする人《チーター》になるだけで済むだろう。[61] しかし深く魅了されている場合は、プレイヤーは遊びのなかで自分を見失ってしまう。遊びは攪乱的である。そして、その攪乱性によって遊びは危険なものになることがある。

〔第五に〕遊びは自己目的的である（autotelic）。つまり、遊びはそれ独自の目的を持ち、それ独自の区切られた時空間と終了条件を持った活動であるということだ。[62] これは、遊びについての従来の見解が共通に指摘していることではある。[63] しかし、〔従来の見解とはちがって〕自己目的的な遊びの境界は、厳密に定められたものではない。ゲームの世界と〔それを含む〕世界全体のあいだに明確な区切りはない。[64] 遊びは、それ自体の文脈のなかでは自己目的的だが、それを何と結びつけるかは取り決め次第でどうにでもなる。遊びの自己目的的な性格をどう扱うかは、〔プレイヤー間で〕つねに議論され、取り決められるものなのだ。その遊びをする目的は何か。当の遊びの活動の影響範囲をどこまで広げたいか。遊ぶという目的や個人的な表現をするという目的をどの程度まで重視するか。わたしたちは、こうした点について取り決めをしながら遊ぶのである。

　遊びはそれ独自の目的を持つが、その目的は〔時間的に〕固定されたものではない。遊びの自己目的性は、共時的に説明することもできるし、通時的に説明することもできる。プレイセッションの過程を通して遊びの目的がどのように変化していくかに注目すれば通時的だし、ある特定の遊びの事例のある特定のセッションにおいてどんな目的が採用されているかに注目すれば共時的だ。プレイヤーは、最初にある目的を持って遊びを始めたとしても、途中で目的を変えることができる。それは自分で変える場合もあれば、ほかのプレイヤーとの話し合いで変える場合もある。遊ぶという活動のなかには、その自己目的的なゴールを取り決めることも含まれているのだ。

一例として、『Vesper.5』のようなゲームをプレイする目的を考えよう。このゲームでは、プレイヤーは一日にキャラクターを一歩動かすことしかできない。[65][*15] しかし、わたしたちは、それをプレイする際に、その一手を指すこと自体を目的にするわけではないし、その行為が楽しいからそうするわけでもない。『Vesper.5』は、遊びだけでなく儀式を提供するゲームでもある。わたしたちは〔楽しむというよりはむしろ〕自分自身を探求するために、自分自身について知るために、このゲームをプレイする。わたしたちはこのゲームに興味を引かれ、それが自分にとって何か意味を持っていると考える。だからこそ、毎日の生活のなかにそのゲームを引き入れ、一手進めてはまた二十四時間待つのである。この辛抱強い営み——それはたしかにゲームだが、しかしわたしたちはたんにそのゲームをプレイする以上の営みをそこから引き出している——は、毎日の遊び相手であり、毎日かぎられた時間で遊ぶことの言い訳でもある。その営みの目的は、その目的自体が〔わたしたちの生活のなかに〕あること、つまりわたしたちに遊ぶ余地を与えることだ。そしてこのゲームで遊ぶ目的は、まさに遊ぶという目的以外には何もない。『Vesper.5』を遊ぶことは、そもそもなぜこのゲームをプレイするのかを取り決めることでもある。
〔第六に〕遊びは創造的である（creative）。これは、遊びが、その活動それ自体にもとから備わっているさまざまな度合いの表現の可能性をプレイヤーに与えるということだ。〔あるゲームを〕遊ぶことは、そのゲームのルールを受け入れると同時に、そのルールの範囲内で、自分自身のニーズや個性、あるいはプレイヤーコミュニティの性格にしたがって行為することである。遊びは、世界と、つまりテクノロジーや文脈や事物――ゲーム、おもちゃ、遊び場など――と創造的に関わる行為であり、戯れのインタラクションを通して世界を探索する行為である。[66] 遊びは、遊びに使われる事物やプレイヤーのコミュニティを作り出す。遊ぶことは、事物を使って、他者とともに、他者のために、そして自分のために、世界を作ることである。遊びは一種の創造的な表現方法であり、〔ある程度までは〕共有されてはいるものの、突き詰めれば人それぞれでちがうものだ。遊びは、事物、ルール、プレイヤー、状況、空間を通じて（それ自体の）創造を行う。

　そうした創造的な表現のわかりやすい例は、ゲームにおける戦術だ。ゲームをプレイする際、プレイヤーは戦術を組み立てる。戦術を組み立てるとは、ようするに、特定の目標を目指す特定のインタラクションのあり方に適したかたちになるように、遊びの文脈をその都度解釈していくことだ。戦術のなかには、そのゲームの一部だと言っていいものもあるが、純粋に個々のプレイヤーが作り出すものもある。戦術は、ゲームを遊ぶという活動のなかで、そのゲームをその場その場で創造的に解釈していくことである。

最後に〔第七に〕遊びは個人的なものである（personal）。[*16] たとえほかの人と一緒に遊ぶ場合であっても、遊びの効果はつねに個人のうちに生じるものであり、自分自身の感情的・道徳的・政治的な記憶に結びついている。自分が誰なのかという問いは、遊ぶのが誰かという問いでもある。つまり、わたしたちは遊ぶ際にどんな種類の人間性を解放するのかということだ。わたしたちの記憶は、実際に遊んだものやその勝敗だけでなく、ほかの人と時間を共有したことからも構成される。[67] 遊びは、わたしたちの波乱ある人生のなかで孤立したものではない。むしろ遊びは、わたしたちの記憶や友情を互いに結び合わせる糸だ。遊びは、個人を定義する人格の足跡である。

遊びは表現を探求する。それによって、わたしたちは世界を理解する。そしてわたしたちは、その理解を通じて、権威に挑戦し、知識を先導し、新しい見方を作り出したり、古い見方を壊したりする。とはいえ、わたしたちが遊びのなかですることはすべて、わたしたち自身にどこまでも付き添っている。遊びは、自分ただ一人だけの経験だ。遊びはたしかに〔ある意味で〕共有されるが、しかしそれが意味を持つのは、それが個々人が世界を経験する際の足場になるときだけである。そのとき、わたしたちは、遊びを通して世界のうちに存在する。[68]

遊びは言語に似ている。いずれも、人間が世界のうちに存在するモードであり、世界に意味を見いだすモードだからだ。[69] 遊びは、ある文脈のなかで、創造と破壊のあいだ、構造の遵守と破壊の快のあいだのバランスを保ちつつ行われる。[70] 遊ぶことは自由であることにほかならない。[71]
遊びは、事物を通して、他者と向かい合いながら、世界のうちに存在することである。[72] わたしたちは、たんに楽しむためだけに遊ぶわけではないし、何かを学んだり、社会から遠ざかるために遊ぶわけでもない。わたしたちが遊ぶのは、自分が存在するためである。遊びは、それが持つ特性を通じて、わたしたちに存在の可能性を与えてくれる。サルトルはこう言っている。「遊びの欲求は、根本的に存在の欲求である」と。[73]

Chapter 2

遊び心

Playfulness

iPhoneは、金属とガラスとプラスチックでできた長方形の物体だ。〔物体としては〕動く部品がほとんどないので、電源を切ってしまえばそれがどんな機能を内に秘めた機械なのかはわからなくなる。逆に、電源が入り、ソフトウェアがハードウェアを乗っ取ると、(1) iPhoneはほとんど無限の能力を持った機械になる。ウェブブラウザ、音楽プレイヤー、動画プレイヤー、ゲーム機、リモコン、電卓、カメラ、あるいはアップルが仕込んでいるそのほかのさまざまな機能。(2) それは、こうした機能をすべて備えた小さなコンピュータだ。iPhoneは――それ以外のスマートフォンもそうだが――究極のおもちゃだと言える。それはそれ自体としてはからっぽの入れ物だが、その中身はソフトウェア次第でどんなふうにもなるのだ。

スマートフォンは、おもちゃが柔軟なやり方で使われる遊び道具であることを示す例だが、さらにそれは、遊び心あるふるまいを生み出す力を物が持つことを示す例でもある。しかし、ここでいう「遊び心」とは何なのか。遊びと遊び心――たんなるくだけたふるまい以上の何か――の関係は、遊びと遊び道具の生態系を理解するうえで、非常に重要である。

わたしたちを取り巻く現代のテクノロジーの多くは、あるものをその本来のあり方（あるいは想定されていたあり方）とは別のものに見せるために使われるという側面がいくらかある。たとえば電話は、もはや電話というよりも、感情に訴えかけるマルチメディアな道具になろうとしている。テレビは、暖炉の代わり（としてお茶の間に置かれるもの）以上の何かになろうとしている。それはいわば、好きなときにいつでも「寝る前のお話」を聞かせてくれるおばあちゃんのようなものを目指しているのだ。冷蔵庫はそのうち健康に気をつかってくれるようになるだろうし、コンピュータはすでに人が自分を表現するための手段になっている。いずれは、エスプレッソマシーンが恋人になることもあるかもしれない。[3]

わたしたちが生きている時代は、どこもかしこもエモーショナル・デザイン――つまり（機能というよりも）感覚《センス》と感情《フィーリング》に訴えかけることを意図して作られた物――にあふれている。[4] そうしたポスト機能主義的なデザインに典型的に見られるのは、テクノロジーをより遊び心あるものに見せたり感じさせたりするという工夫だ。アップルコンピュータのUI《ユーザーインターフェイス》上のアニメーションの多く

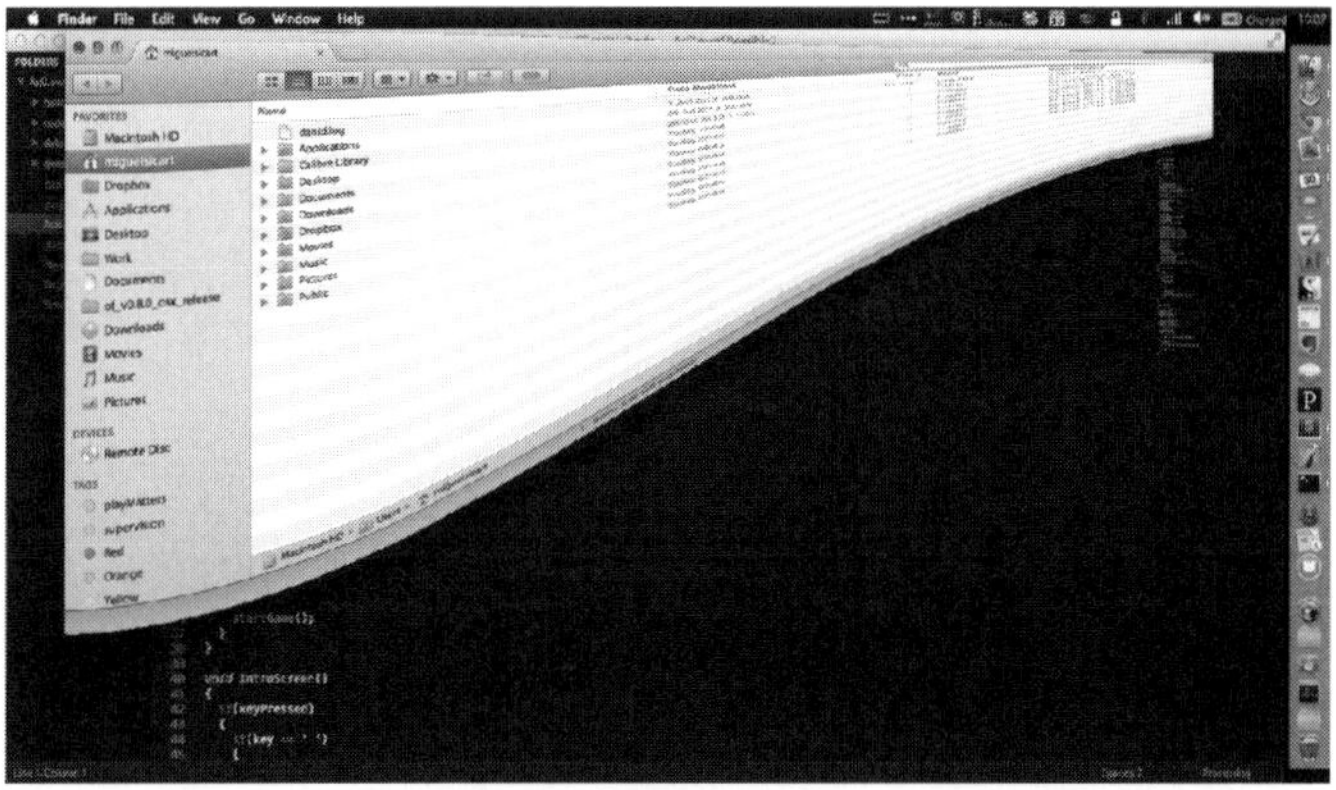

図2-1　遊び心あるユーザーインターフェイス

――フォルダを開くときやアプリケーションを最小化するときのそれ（図２－１）――は、純粋に機能的なデザインを意図してそうなっているわけではない。そうしたＵＩデザインの背後には、ある種のメッセージを伝えたいという欲求がある。わたしたちがやりとりしているこの機械は、まじめくさったコンピュータではなく、別の何か、奇抜で個性あふれる何かである。それは、それを使って自己表現することを否定するものではない。むしろ、創造性を引き出してくれるものである――このようなメッセージである。

　デザインを通じて事物に対する感情的な愛着を刺激《タップ》してくるというのは、デジタルテクノロジーにかぎった話ではない。どこの職場もどこのサービスプロバイダも、従業員や顧客に、自分たちがたんなる頭数や機械の歯車ではなく、ともに遊ぶ仲間だと感じてもらえるような関係を作り出そうとしている(5)。現代の企業の価値観には、よいチームメイトという理想、つまりスポーツやゲームに見られる理想が奇妙なかたちで漂っている。(6) わたしたちは、自分の人生が、ダイナミックで、魅力的で、遊びが持つ表現力に満ちたものになってほしいと思っている。(7) 一方でわたしたちは、自分の人生が、実利的で、成果を生み出し、まじめで、有益なものであってほしいとも思っている。(8) ようするに、わたしたちは遊びを必要としてはいるが、遊びのすべての側面を必要としているわけではないのだ。必要なのは遊びが持つ魅力的な側面、物作りに役立ったり成果につながったり人を引き込んだりする側面だけであって、全部入りの遊びは必要ないのである。

わたしたちが求めているのは、遊びの活動ぬきの遊びの態度だ。わたしたちは、遊びの最中にとるのと同じ態度を、事物に対して、世界に対して、あるいは他人に対して、とるように迫られている。とはいえ、わたしたちは、そこで本当に遊んではいけない。むしろ、わたしたちがしなければならないのは、当の（まじめな）文脈のなかで、当の（まじめな）物を使いながら、遊びをしているときのようにふるまうことだ。わたしたちは、遊びぬきの遊びを――つまり遊び心を――求めている。それは、遊びの文脈の外側で遊びを使う能力のことだ。

遊び心は、遊びに似たやり方で文脈や物に関わるが、同時に、そうした物や文脈が持つ目的を尊重する。(9) ふだんの言葉づかいだと、遊び心は、口説きとか色っぽさとかにしばしば結びつけられる。この意味で、わたしたちは、セックスや結婚生活や仕事のなかで遊び心のあるふるまいをすることがある。しかし、それらはどれも遊びではない。あるいは、わたしたちは、皮肉やダジャレのように言葉を使って遊び心を発揮することがあるし、[10] 働き方で遊び心を発揮することすらある。[11] しかし、そうした営みもまた、たいていは遊びではない。それらはあくまで、口説き、セックス、労働なのであり、それゆえ遊びとは別の目的を持つものだ。

ここでひとつ重要な区別をつけておこう。遊び心は、事物や人や状況に対する、身体的・心理的・感情的な態度である。[12] それは世界との関わり方であり、遊ぶ能力から派生したものではあるが、遊びが持つ特性のいくつかを欠いている。遊びと遊び心のちがいは、直感的に感じとれるだろう。また、実際に遊んでいるときにすら遊び心を発揮することがあるということもぼんやり理解できるだろう。ようするに、これら二つの概念はある程度重なってはいるものの、同じ事柄を指しているわけではないのだ。

遊びと遊び心の主なちがいは、遊びが活動（activity）であるのに対して、遊び心が態度（attitude）であるという点にある。[13] 活動とは、ある特定の目的のために行われる複数の行為が一貫したかたちで一定の範囲のうちにまとまったものである。一方、態度とは、活動に向かう姿勢である。それは、活動や人や物に対してわれわれがとる、心理的・身体的・感情的な見方である。

いじめっ子、人見知り、人たらし、物好き。わたしたちは、人の社会的・文化的なあり方を、たとえばこうしたフレームに当てはめて理解する。態度は、この種のフレーミングにいくらか似ている。[14] たとえば、わたしたちは「なめた態度（having an attitude）」といった言い方をするし、マーケターは誰も見向きもしないブランドに対する人々の態度を変えようと工夫する。態度は世界に向かって投影されるものだ。そして、世界がそうした態度〔によるフレーミング〕に抵抗することもある。[15]

この意味で、〔態度の一種としての〕遊び心は、遊びの特性のいくつかを、遊びでない活動に投影するものである。遊び心は、活動としての遊びではなく、存在のモードとしての遊びを使って、世界に関わろうとすることだ。結果として、〔遊びでない活動に対してだけでなく〕遊びの活動に対しても、遊び心が発揮される場合がある。わたしたちは、非常に厳密に型が決められた遊びの文脈——その構造が持つ強制力によって、遊びが強力に縛られているような文脈——のなかで、遊び心を発揮することができるのだ。たとえば、遊び心は、ゲームのプレイやスポーツの試合で生じることがある。[16] アスリートが遊び心を発揮して、試合の目的にとって最善ではないようなふるまいをすることもあるだろう。マジック・ジョンソンは魅せるバスケットボール選手だったが、その華々しさの多くは、ゴールを目指す合理的なプレイによって生み出されていたわけではない。むしろ、それを生み出していたのは、観客に向けたある種のショー、つまり勝つか負けるかの一番大事な場面でプレイを楽しんでみせることだった。ジョンソンの見事な遊び心は、プロスポーツという真剣な文脈とのコントラストをはっきりと作り出していた。そして、そのコントラストは、ジョンソンのプレイを、より見事なものに、バスケットボールの理想を体現するものにしていた。

ゲームのプレイヤーが遊び心を発揮するのは、そのゲームのシステムの相対的に硬直したあり方を意識的に操るときである。ダークプレイは、〔硬直した〕遊びの状況に対して遊び心を発揮するひとつのやり方だ。つまり、遊びの攪乱的な性格を利用して、高尚化《ジェントリファイ》された遊びの文脈の慣習を壊すことができるのだ。面白い例として、二十三年間鬼ごっこを遊び続けている友人グループの話がある。[17] 毎年一ヶ月のあいだ、昔からの仲間で集まって鬼ごっこをするのだが、そこでは、彼らの家族や友人や同僚がプレイヤーにならないかたちでゲームに巻き込まれる。それは、プレイしない「プレイヤー」がいる（たとえば、決して鬼にならない妻にスパイをやってもらう）というだけではない。そもそも彼らが遊んでいるということを知らない「プレイヤー」もいるのだ。たとえば、彼らの雇い主は、彼らが鬼ごっこを遊んでいることを必ずしも知らなかったが、意図せずこのゲームの駒になっていた。あなたの身近な人々も、実はあなたが気づいていないゲームをプレイしているかもしれない。そうしたケースでは、異なる仕方で経験される複数の世界が同時に成り立っている。[18]

次のエピソードも隠れた遊び心の一例として考えられるかもしれない。一九七六年の欧州選手権の決勝、チェコスロバキア対西ドイツ戦で、アントーニン・パネンカは有名なペナルティキックを決めた。[*1] パネンカは、最高に緊張感のある場面で見事な身ぶりをしたわけだが、それに加えて、スポーツマンシップの理念が許容するぎりぎりの範囲内で、相手チームのゴールキーパーを遊び心あるやり方でからかってもいたのだ。[19]

現代のコンピュータ時代では、遊び心が、機械の命令に対するある種の抵抗——遊びに着想を得た抵抗——としてあらわれることがある。コンピュータは、魅惑的な機能を持つとともに、わたしたちに見えないかたちでそこらじゅうに存在している。わたしたちがコンピュータに頼れば頼るほど、コンピュータは、そのような機能や遍在性を通じて、わたしたちの作業を方向づけしてくる。[20]こうした文脈で遊び心を発揮することは、コンピュータのまじめさに対する——言い換えれば、形式的な構造の命令と仕組みを最大限に重視するようなシステム主導の考え方に対する——カーニバル的な攻撃になるだろう。これは遊び心あるＵＸ《ユーザーエクスペリエンス》デザインなどという話ではない。むしろ、人間と機械の関係に対する、もっと冒険的で表現的で毒のあるアプローチのことだ。テクノロジーは決まった仕事をこなすことにかけては優秀だが、同時にそれは計算可能な範囲内に表現の幅を狭めてしまう。遊び心は、場合によっては、そうしたテクノロジーの穴を探るカーニバル的な反抗にもなる。

マッテオ・ログリオのＤＩＹプロジェクトFAKE COMPUTER REAL VIOLENCEは、デジタルテクノロジーを使った遊び心のいい例である。[21] このプロジェクトは、マイクロコントローラ〔コンピュータの基本機能を一個の集積回路に組み込んだもの〕に加速度計をつけてその物理的な動きを測定し、その測定結果に応じて決まった反応を返させる——この例では〔別のコンピュータの〕オペレーティングシステムに再起動の命令を送る――というものだ。面白いのは、この装置が〔別の〕コンピュータの物理的なケースのなかに置かれるということである。それゆえ、たとえばそのコンピュータがフリーズした場合にそのケースを物理的に殴ると、〔そのなかに置かれた装置が反応して〕再起動画面が表示されることになる。つまり、この装置は、わたしたちがそれに暴力をふるうことに対して実際に応答するのだ。それは、コンピュータの不具合に対するわたしたちの感じ方と、その不具合に対してわたしたちがとりがちな暴力的なふるまいについての、皮肉の利いた批評《コメンタリー》になっている。この方法を使えば、たとえば特別に設計されたUSB機器を殴ってわたしたち自身のコンピュータを再起動するという遊び心ある仕掛けも可能になる。つまり、USB機器に加速度計をつけ、その機器をユーザーが殴ると〔その機器が接続された〕コンピュータが再起動されるという仕掛けだ。それは、その機械に対するユーザーの暴力的なふるまいに対して実際に応答することになる。

遊び心は、流用がまかり通り、規則や命令を台無しにする皮肉や笑いが大手を振って歩くカーニバル的な場である。遊び心を発揮することは、世界を乗っ取り、遊びのレンズを通して世界を眺め、世界を揺さぶり、それを笑い飛ばし、そこに亀裂を入れることにほかならない。ある種の物は、遊び心のあるレンズを通して世界を見ることを可能にしてくれる。ある種の文脈は、ほかの文脈に比べて、より遊び心を引き出しやすい。ゴフマンの古典的な例を使えば、会社のクリスマスディナーは、ふだんの会社生活の文脈のなかで遊び心を発揮する機会だと言えるかもしれない。あるいは、インターネットの掲示板や画像掲示板——とくに匿名性が強いもの——は、ある種の遊び心あるふるまいをするようにユーザーをけしかけているという議論もできるかもしれない。たとえば、YouTubeのばかばかしい動画やそれにつくコメント、あるいは画像掲示板の4chan.org[*2]でたまに見かけるようなもっと複雑で興味深いダークプレイなどは、遊び心を引き出しやすい文脈の例だろう。

遊び心は、遊び道具、状況、ふるまい、人間を互いにくっつけて、ひとつの生態系にする。それは、遊び〔が持つ特性〕を、世界のうちに存在するための態度のレベルにまで広げるものだ。わたしたちは、遊び心を通して、たんに世界を眺めるだけでなく、世界が遊びとしてどのように構造化できるものであるのかを理解する。ブレンダン・ドーズのThe Accidental News Explorerは、さまざまな情報源からニュースをランダムに拾うアプリだ（図2－2）[22]。このアプリには検索ボックスがひとつだけあり、そ

図2-2　The Accidental News Explorer

こに何かキーワードを入力するとソフトウェアがニュースを見つけてきてくれる。このアプリは、これまでに開発されたニュースリーダーのなかで最高の機能を持つものだとはとても言えない。とはいえ、そのように偶然の出会いに任せてニュースを選んでくるアプリに対して、わたしたちはふざけて驚いてみせるだろう。「機械なのにいったいどうやってニュースを見つけることができるんだろう？」と。ニュースもまた、遊び心のあるものになりえるのだ。

遊び心の態度が遊びという存在のモードに関係するものだとすれば、それは遊びと共通する特徴を何か持っているはずである。遊び心は、遊びが持つ特性の一部を世界に投影する態度である。それゆえ、遊びが持つどの特性が遊び心の態度を作り上げているのかを理解することで、遊びの生態系のなかでの遊び心の役割をよりよく理解できるだろう。

遊びと遊び心が別々になるケースから考えよう。遊びは自己目的的な活動、つまりそれそのものを目的とした活動である。わたしたちは、まさに遊ぶために遊ぶ。一方、遊び心は態度——なんらかの活動に特性を投影すること——なので、自己目的的な性格を持たない。遊び心は、それが適用される活動が〔もともと〕持っている目的をそのまま維持する。遊び心は、目的は変えずに手段を変えるのだ。たとえば、セックスに遊び心を取り入れる場合でも、その主な目的が性的な満足であることには変わりがない。あるいは、コンピュータを使って本を書く際にどれだけ遊び心を取り入れたとしても、その目的はあいかわらず本を書くことである。遊び心が自己目的的でないのは、それが活動ではないからである。さらに、遊び心が生産性を持つには、それが適用される活動の目的を尊重する必要がある。逆にそれを尊重しない場合には、遊び心は〔生産的なものではなく〕破壊的な力になり、それが適用される活動とかみ合わなかったり、遊びが持つ創造的な力を発揮できなかったりする。(23)遊び心がそれ自体の高潔さ《インテグリティ》を発揮するには、それが適用される活動の目的をつねに尊重しなければならないのだ。

これは、遊び心が攪乱的なものになりえないということではない。多くの場合、遊び心の態度は、それが適用される事態を、完全に破壊しないまでも、いくらかはかき乱すことになる。ザック・ゲージのアートプロジェクトMy Best Day Everは、ゲージ自身の言うところによると、(24)「「my best day ever〔いままでで最高の一日〕」というフレーズをTwitterで自動的に検索し」、そこから一部のツイートを選び出し、そしてそれらのツイートを自分のツイートとしてつぶやく、というものだ。My Best Day Everは、Twitterやプライバシーに対する、あるいは、テクノロジーによって媒介される人間味のないメカニズムを通して気持ちを伝えようとするわたしたちの欲求に対する、遊び心ある批評である。それはまた、ツイートを選り好みしているという点で、個性を示すと同時に、ある程度自身に対する皮肉にもなっている。My Best Day Everは、表現媒体としてのTwitterを破壊することなしに、いくらか攪乱している。それは、この種の媒体が背負っている正直さを暴露しているのだ。この遊び心ある攪乱が効果を発揮するには、それが適用される活動ができあがったものとして存在している必要がある。そうでないと、遊び心はたんなる破壊になってしまう。そのようなケースは、遊び心が提供する創造的な態度とはちがって、ニヒリズム的な態度である。

とはいえ、そうだとすると、遊び心は、こうした遊びではない活動に何をもたらすものなのか。これは、遊び心がなぜ重要《マター》なのかという問題だ。遊び心は、遊びの核心にある属性のひとつを引き継いでいる。すなわち流用だ。遊び心を発揮することは、もともと遊びのために用意されたものではない文脈を流用することにほかならない。[25] 遊び心は、本来遊びであるべきではないものを乗っ取って、遊びめいたものに仕立ててあげる。ブレンダン・ドーズのDoodleBuzzは、「タイポグラフィ的なニュース閲覧アプリ」だ。このアプリを使えば、ウェブブラウザ上のキャンバスに落書きすることでニュース記事を見ることができる。[26] 先に挙げたThe Accidental News Explorerの場合と同じく、DoodleBuzzを使ってニュースを読むことは、従来のニュースリーダーでニュースを読むのとはかなりちがう。とはいえ、そのインタラクションが持つ身体性（落書きする）と、その根底にあるシステムがもたらす偶然性《セレンディピティ》は、遊び心のある経験に寄与する。本来ニュースを読むことは、身体的なことでもなければ、偶然の出会いでもない。それはむしろ、効率的で機能的であるべきだとふつうは考えられている。もちろん、そうした考えは、わたしたちがニュースの消費を個人的なもの、表現的なもの、流用的なものにしたいと思うかぎりは――自分の手で引き出すことによってニュースを自分のものにしようとするかぎりは――成り立たない。

遊び心は、流用を純粋なかたちで生じさせる。遊び心ある流用は、ある状況を乗っ取ってそれを別の視点でとらえること、いわばその文脈を遊びの力を通して解釈することである。流用がなされる際には、当のテクノロジーや状況に対する従来の解釈がずらされる。一番よくあるのは、もともと機能的なものや目標志向だったものを、快を与えるものや感情に訴えるものに変えることだ。流用は、文脈に態度を投影することで、その文脈を変容させるのである。

遊び心は、世界を再多義化（reambiguate）する。[27] つまりそれは、遊びが持つ特性を通して、世界をより形式化されていないもの、より説明されていないものに変え、世界を解釈したり、それに驚いたり、それを操ったりする可能性を開放する。遊び心を発揮することは、世界に多義性を付け加えるとともに、その多義性とたわむれることなのだ。

この意味で、遊びの文脈と遊び心の文脈のちがいを明確にしておく必要がある。〔しばしば〕遊びは、遊びのために用意された文脈――遊びの自己目的的な性格が尊重される文脈――において生じる。[28] 伝統的にこの種の文脈を提供してきたのはゲームだが、遊び場や、昼休みのような一時的な文脈もまた、遊びのために用意された文脈として考えられる。それらは、遊びが行われることが予定された空き地や空き時間なのだ。一方、遊び心が生じる文脈は、〔ふつう〕遊びを意図して作られたものではない。むしろ、そうした文脈は、遊びによって占領されるものである。

わたしたちは、遊び心――創造的なものであれ攪乱的なものであれ――を通して文脈を占領する。

PowerPointによるプレゼンテーションは、グラフと数字の無味乾燥な展示ケースであることもあれば、データをダイナミックな視覚経験に変えるものであることもある。[29] 同様に、データの可視化《ビジュアライゼーション》はいまや遊び心を発揮する舞台になっている。そこでは、どうやってデータを重要そうに見せるか、それをもっと見やすくするにはどうすればいいかといったことが、遊び心を通して探求されている。たとえば、LivePlasma[30]のようなプロジェクトは、ユーザー別のおすすめ音楽を可視化する。あるいは、Twitter Earth[31]は、個々のツイートに組み込まれた位置データにもとづいて、地球の3D画像上にそのツイートを配置する。これらのツールは、遊び心あるやり方でデータを解釈している例である。データの可視化を利用して遊び心を発揮することは、遊びと遊び心の見栄えにも密接に関わっている。ジュリアン・オリヴァーのPacket Gardenは、ネットワーク上のデータの流れを、世界の成長として可視化している。[32] そこでは、〔ユーザーが行う〕パケットの送受信やメッセージのやりとりが、その世界の地形や生き物として翻訳される。たとえば、アップロードをすると丘ができ、そこにHTTP植物が生えたりP2P植物が生えたりする。

こうした事例は、遊び心によって創造的にデータを流用するものであり、遊び〔の特性〕を通じて新しい知見をもたらしている。遊び心のある流用は、それが適用される文脈がどれだけ融通の利かないものだったとしても、その人らしさを表現する余地を残している。わたしたちは、遊び心によって、自分がどんな人間なのかを表現する可能性を与えられるのだ。道具的な状況〔目的が定められている状況〕においても個性は発揮されるが、その場合の個性は、仕事ができるかどうかとか、スケジュールに合わせられるかどうかといったことに結びつけられている。遊び心は、遊びから引き継いだカーニバル的な性格によって、わたしたち〔の個性〕を目的による束縛から解放する。遊び心のある流用は、文脈に自由をもたらすのである。

遊び心は、わたしたちが当たり前だと思っている行動やテクノロジーや状況の穴を暴露するという仕方で、ある種の攪乱として使うこともできる。Newstweekプロジェクトは、公衆無線ネットワークを文字通り乗っ取って、ニュース消費のあり方に遊び心ある仕掛けをほどこすものだ（主要なニュース配信サイトのヘッドラインをリアルタイムで操作するというやり方で）。Newstweekは、ネットワークを利用するとか、ニュースを見るとか、あるいはポータルサイトが提供する物語を消費するといったことに関してわたしたちが抱いている想定をぶち壊しにしてしまう。[33] モス・グラフィティ[*3]も同様だ。モス・グラフィティは、公園——しばしばその利用者に対して念入りに壁を作るもの——のような空間を乗っ取って、遊び心のあるやり方でそれを再び公共の場に変える。[34] わたしたちは、遊び心を通じて、身の回りの環境に個人的なものの見方をすべり込ませる。遊び心は、カーニバルと同じように、ふだんの生活という文脈のなかにあって、批判や風刺が、つまり自由が許された場なのである。

最後に、個人的なものであるという遊びの特性もまた、遊び心の態度のなかにあらわれる。遊び心は、機能重視の世界を個人的な表現で彩るのに使われる。デスクトップからモバイルまで、現代の個人的《パーソナル》なコンピュータ使用の進展を見ると、コンピュータがユーザーの個性に合うようにより柔軟なものになってきているのがわかる。たとえば、画面の背景や着信音を変えることで個性を表現できたりするのだ。携帯電話で昔懐かしい電話の音を使うのが一時期流行ったことがあるが、それもまた当の機械そのものや電話の本来のあり方に遊び心をもって接している例だ。テクノロジーと音とをあえて調和させないことは、たんに皮肉というだけでなく、個人的な表現にもなる。

遊び心を通して、わたしたちは世界を個人化《パーソナライズ》する。つまり、世界を自分のものにする。同時にわたしたちは、遊び以外の目的がそこにあることも依然として認めている。わたしたちは、遊びから生まれる創造的で自由な個人的表現を、遊び心を通して遊びの外側にある世界に持ち込む。そして、そうすることで世界を個人的なものにするのである。

もちろん、場合によっては世界が個人化に抵抗することもあるだろう。実際、多くの状況や文脈や物は、遊び心を発揮できないように気をつけてデザインされている。たとえば、飛行機の計器類などの命に関わるシステムは、それをおもちゃにして遊べるようには作られていない。わたしたちの社会は、たしかに遊びと創造性にポジティブな価値を与えている。しかし、労働と〔個人的な〕表現のあいだ、あるいは機能と感情のあいだには、それでもまだ緊張関係がある。デザインにおける機能主義的な伝統は、効率と生産性を重視してきた。(35) ジャック・タチは、映画『プレイタイム』

で、このモダニズムの夢を悪夢として表現している。この映画は、モダニズムが蔓延したフランスの合理主義的な世界のなかで、遊びがゆっくりながらも最終的に勝利を収める過程を年代記として描いたものだ。この架空の世界では、テクノロジーが日々の生産活動を効率よく提供してくれて、人々はそれに誘導されるかたちで生活している。『プレイタイム』は、自由を謳い上げる作品であると同時に、遊び心を日常生活の退屈さを乗っ取るものとして皮肉っぽくとらえる作品でもある。遊び心が重要である理由は、まさにそこにある。遊び心は、自由と個人的な表現という遊びの本質的な特質を、遊びの外の世界にもたらすものなのだ。

しかし、デザイン[*4]の領域には、遊び心を意識的に避けようとする伝統があるように思える。そこでは、それを流用しようという気持ちを引き起こさないように物がデザインされる。アップルコンピューター――コンピュータ回りのデザインにおいて率先して遊び心を発揮しているあのアップルコンピューター――ですら、問題なさそうな特定のタイプの遊び心だけを許容するように入念に設計されている。アップル製品は、そのほかの大半の工業製品と同じく、遊びの小道具であるよりもまず道具であり、〔ユーザーと一緒に遊ぶ〕プレイヤーというよりは〔ユーザーを制約する〕審判としての性格が強い。

デザインに遊び心を与えることは、ぱっと見以上に複雑である。機能的なデザインの利点のひとつは、結果が予測しやすいという点にある。ある物が特定の機能を持つべきものとしてデザインされる場合、それが持つ要素はすべてその目的に適うように仕向けられ、逆にその目的にそぐわない要素はできるだけ少なくされる。家電機器などはわかりやすい例だろう。それは、毎日の家事を楽にしてくれるものではあるが、必ずしもその日常の経験を深めるものではない。冷蔵庫や食器洗い機をコンピュータや車のダッシュボードと比べてみればわかるが、家電機器は性能を最優先にしてデザインされている。わたしは冷蔵庫を大切にすることもなければ、それに対して何か強い感情を抱くこともない。冷蔵庫は機能を果たすものであって、感情に訴えるものではないのだ。[36]

遊び心のあるデザインは、本質的に〔機能が〕あやふやで、控えめで、それが成り立つためにユーザーの力が必要なものである。それは、デザイナー中心の考え方から抜け出して、ユーザー・デザイナー・文脈・目的が互いに対話する場として物をとらえようとする。実際、遊び心のあるデザインが重点を置いているのは、そのデザインの一部としての文脈に自覚的になることである。遊び心のあるデザインは、文脈に制約を課して使い方を限定するのではなく、むしろユーザーの自由な解釈にゆだねる。そうしたデザインは、それがどんなふるまいをするものであるかをユーザーに示唆するだけであり、それにどんな意味を与えるかはユーザーの仕事である。遊び心のあるデザインには、意欲のあるユーザーがその遊び相手として必要なのだ。[37]

デザインに対してこうした態度をとることは、システムの権威を軽く扱うことである。[38]それは、ゲームから文書作成ソフトにいたるまで広く見られるデザインの科学主義的な傾向[39]に対する、ささやかながらも非常に重要な反抗である。遊び心のあるデザインは、二重の意味で個人的なものだ。それはユーザーが流用する対象であると同時に、デザイナーが自分自身のものの見方をそこに投影する対象でもあるからだ。そこでデザイナーが行うのは、たんにその物の機能を承認するといったことではない。もっと挑戦的なことだ。デザイナーは、その機能〔それをどう使うべきか〕について意見するのである。この二重の個人性のはざまで、遊び心は物を流用する力を発揮する。そしてそこでは、物は製品ではなく表現になる。(40)

遊び心のあるテクノロジーは、流用しやすいようにデザインされ、遊び心をけしかけることを意図して作られる。そうした物にも、なんらかの目的や機能がある。しかし、その目的は、遊び心のあるやり方で、つまり個人的で流用的で回りくどいやり方で達成される。遊び心のあるデザインは、〔遊び以外の目的があるという意味で〕おもちゃや純粋な遊び道具ではない。しかし、そうしたデザインに対するユーザーの〔遊び心ある〕ふるまいと態度が、それらが適用される文脈を再定義するという仕方で、遊びの特性を引き出すのである。(41)

遊び心のあるテクノロジーというのは、実際のところかなり極端な発想であり、〔いまのところ〕大学の研究室やブルースカイ研究[*5]という比較的安全な場所で作られているにすぎない。(42) 遊び心のあるデザインは、スタジオやアートギャラリーといった統制のとれた環境のもとでは〔遊び心を引き出すものとして〕十分に効果を発揮する。(43) 一方、日常生活のような統制のとれていない環境のもとではどうなのか。わたしたちは、ふだん機能に安住してしまっている。そして、一見遊び心があるように見えるが根本的にそうであるわけではないような物に、自分の表現能力を丸投げしてしまっている。

興味深い例のひとつは、アップルの人工知能アシスタントSiriだ。Siriは、iPhone 4Sではじめて搭載された音声反応型アシスタントであり、ユーザーの日常的な作業――電話をかける、予定を入れる、店の場所を確認するなど――を手助けしてくれる。Siriは技術的にきわめて高度なものなのだが、遊び心のあるデザインとして見ると、さらに興味深い性格を持っている。

図2-3　ギークのSiri *6

Siriは、効率重視で仕事特化型のシステムに――たとえば用意された命令データベースに含まれる言葉にしか応答しない無慈悲な音声構文解析プログラムに――することもできた。しかし、Siriのデザイナーは、ユーザーがいたずらな遊び心を発揮することをわかっていて、あらかじめそれに備えていた。Siriは、たとえばプロポーズとか宗教や人生の意味についての問いに答えてくれる（図2－3）[44]。Siriには個性もある。風変わりで、皮肉屋で、ちょっとそっけないのだ。Siriは、わたしたちの期待を裏切り、そしてソフトウェアに個性を与える。その意味で、それは遊び心のあるデザインである。もちろんそれは遊び心のあるデザインの理想からはほど遠い。というのも、それは極端な流用を受けつけないからだ（ユーザーはSiriをプログラムできないし、Siriはユーザー一人一人のものではなくユーザー全員のものだ）。とはいえ、それは、機能と個性に関する従来の見方に逆らっているという点で、遊び心のある商業製品として十分に成功している。遊び心のある存在であることによって、Siriは道具である以上に遊び相手になっている[45]。

わたしたちは、遊び心を発揮させてくれる物をもっと必要としている。わたしたちは、流用の能力を使っていかなければならないし、流用に抵抗しない世界を作らなければならない。重要なのは、遊び心のあるデザインによって娯楽文化を広げるとか、それによって日々の活力を得るとか、そういうことではない。重要なのは、テクノロジーは人に服従する召使いでも人を服従させる主人でもなく、人が自分を表現する源泉であり、人が人として存在する方法だということである理解することである。わたしたちには、そのようなデザインが必要だ。それによって、わたしたちはテクノロジーを自分のものにし、自分が世界のうちに存在するという事実を自分自身の問題としてとらえられるようになるだろう。

遊び心は、型にはまった自己目的的な遊びの活動の外側にまで、遊びの意義を広げることを可能にする。同時にそれは、おもちゃのような遊び道具や、遊び場や競技場のような特定の空間から距離をとる。それは、遊びがいかに人生に対する一般的な態度であるのかをわかりやすく見せている。遊び心は、遊びの生態系を広げるとともに、遊びの重要性を示すものだ。遊びは、文化の形成において重要であるだけではなく、まさに人が人として存在するために重要である。遊び心を発揮することと遊びの活動をすることは、ともにわたしたち人間を定義するものだ。わたしたちは遊ぶ、ゆえにわたしたちは存在する。さらに次のように付け加えよう。わたしたちは遊び心を持つ、ゆえにわたしたちは存在する、と。

Chapter 3

おもちゃ

Toys

おもちゃとは何か。わたしたちは、子どものときにまずそれを理解する。それは誰もが欲しがる最高の宝物だった。子どもにとってのおもちゃは、希望であると同時に避難所であり、あこがれの対象であると同時に失望の対象であり、入り口であると同時に門番である。わたしたちは、遊びながらおもちゃについての理解を深めていく。そして、おもちゃとの関係のなかで、自分というものを徐々に作り上げていく。大人になればおもちゃの種類は変わるが、しかしわたしたちはそれを手放すわけではない。なぜなら、おもちゃは遊びに使う道具としてもっとも純粋なものだからだ。

遊びは、わたしたちの人生のなかに絶えずある。それは、わたしたちの存在に一本の糸を通す活動だ。遊びは、それ単独で取り出して「つまり、それを取り巻く生態系を無視して」考えるべきものではない。遊びは、遊びが行われる文脈や遊びが招く結果、あるいは遊びをするために作り出された物や場所から、簡単に引き離せる活動ではないのだ。そういうわけで、遊びを考えるには、遊びに使われる物、つまり人が作り出す遊び道具（plaything）に注意を払う必要がある。従来の遊びの理論は、ゲームを遊びの具体化された姿だと考え、遊びの生態系のなかで特権的な地位を占める遊び道具としてそれを取り上げてきた。[1] しかし本書では、おもちゃこそ遊びの経験の中心にあるものだと考えたい。

遊びの生態系とは何か。表現という遊びの力が発揮される際に、遊び道具はどんな役割を果たすのか。これらを理解するには、おもちゃとはどんなものかを理解する必要がある。おもちゃは、遊びと遊び心の結びつきを手助けするものであり、それゆえ表現的で創造的な活動としての遊びをその生態系の観点からとらえようとする本書の理論を裏づけるものになる。

遊びがそうだったのと同じく、「おもちゃ」を型にはめて定義しようとしても中途半端に終わるだろう。[2] ここで取り上げたいのは、重要な種類の遊び――つまり、表現的・創造的・流用的・個人的で、人がそれを通して世界に意味を見いだす活動としての遊び――に関わるおもちゃだ。おもちゃは、遊びの生態系のなかで一定の機能を果たす文化的な事物であると同時に、その機能を果たすべく作り出された装置でもある。つまり、おもちゃには、文化的な側面と技術的な側面とがある。それゆえ、おもちゃを表現として見ることもできるし、おもちゃを物として見ることもできる。[3]

表現的なおもちゃは、それが置かれる空間やそこにいる人の注意を流用したり、あるいはデジタル機器が使われる文脈であればそのテクノロジーを流用したりする。そしてそうした流用を通して、おもちゃは遊びをうながしてくる。たとえば、おもちゃアプリの『のびのびBOY』は、ユーモアあふれるやり方でスマートフォンを流用するものだ（図3－1）[*1]。『のびのびBOY』では、スマートフォンでできることと同じことができる。たとえば、メールを送るとか、写真を撮るとか、音楽を再生するとか、友人とチャットするとかだ[(4)]。しかし、このアプリは、そうした活動にユーモアの層を付け加えることで、それをおもちゃ遊びに変えてしまう。つまり、スマートフォンのふだんの使い方を流用することによって、それをへんてこなおもちゃにしてしまうのだ。たとえば、カメラを起動すると、まぬけでかわいい絵がカメラ画面の手前に重ねられる。そしてそれによって、写真を撮るという行為が魅力的になると同時

図3-1　『のびのびBOY』で時間がわかる

に、かなり面倒くさいものになる。このアプリのおかげで、ユーザーは、使い慣れているはずの機器と不慣れな仕方でやりとりするはめになるのである。

遊びは、それが流用的であるとき、つまりそれが状況を乗っ取って遊びの文脈に変えてしまうときに力を持つ。そして、おもちゃはそうした流用を助長する。おもちゃは、遊ぶことが正当化されるような状況が成立するきっかけを作るものだ。わたしたちは、おもちゃの存在によって〔いまここで〕遊んでもよいということを了解し、そして実際に遊び始める。おもちゃは、遊びを通して世界を理解するための入り口になっているわけだ。

例を出そう。ダニエル・ディッセルクーンのMan Eaterプロジェクトは、ごくシンプルなおもちゃによって、純粋に人々を楽しませるために状況を乗っ取る。[5] Man Eaterは〔物としては〕ただの口を開けた怪獣のステッカーでしかないのだが、それをバスや路面電車の座席の窓に貼りつけることで、通勤・通学が面白い活動に変わる。なんと怪獣が道行く人をどんどん食べていくのだ！[*2] 通行人は、もはやそのへんの何でもない人ではなく、暴れ回る怪獣の餌食という意味を与えられた存在になる。このケースでは、シンプルなステッカーが遊びへの扉を開いているのである。

こうした遊びへの扉は、おもちゃそれ自体のうちに備わっている場合もあれば、そうでない場合もある。前者の場合、おもちゃが開いているのは、遊びの内なる世界、つまり遊びを通じてしか存在しないパラレルワールドの扉である。人形、ミニカー、積み木セットなどは、そうしたおもちゃの例だ。それらは、内発的で物中心の遊びの文脈——当のおもちゃそのものから出てくる文脈——の成立をうながす。一方で、外発的な方法で遊びを誘発するタイプのおもちゃもある。この種のおもちゃは、本来遊びの外にある空間を、遊びのために流用するよう働きかけてくるものである。ボール、フリスビー、自転車などは、そうしたおもちゃの例だ。それらは、それが使われる空間を遊びの空間に変える。ようするに、おもちゃには、〔それ自体の〕世界を作り出すことで流用への扉を開くものもあれば、〔すでにある〕世界を占拠することで流用への扉を開くものもある。

図3-2　『のびのびBOY』による時計の解釈

『のびのびBOY』は、この両方の性格を持っている。スマートフォンの画面の大部分を占める単純な物理演算のおもちゃとしてそのアプリに接するかぎりは、ユーザーの注意はもっぱら、『のびのびBOY』それ自体のシンプルでへんてこな世界——ユーザーの操作に沿って跳ね回るだけの単純な物体に満ちた世界——に向けられる

（図3－2）。一方で、そのアプリで写真を撮ったり移動経路を調べたりする場合、ユーザーはそのおもちゃを通じてそのおもちゃの外にある世界と関わることになる。たとえば、このアプリに搭載されている移動距離カウンターを伸ばすためだけに、いつもとはちがう道を通って出勤しようとするかもしれない。あるいは、そのアプリの画像エディタでふざけた加工をするためだけに、消火器のような「まじめなもの」の写真を撮ろうとするかもしれない。『のびのびBOY』は、このようにわたしたちのスマートフォンに居座って、内発的・外発的の両方の方法で遊びを助長する。

すべての「おもちゃ」がもともとおもちゃとして作られるわけではない。人間が持つ能力のうち、もっとも興味深いもののひとつは、目に入る物をほとんど何でもおもちゃにしてしまえるという能力である。人間は、石ころや木の枝であれ、あるいはもっと複雑なテクノロジーの産物であれ、そうした物に対して期待・意図・推奨された使い方とは別の仕方でそれらを使って、遊びを楽しむことができるらしい。人間は、しばしば思いもよらない仕方で自分の手や身体を使って物を流用し、物が持つ〔本来の機能や意味とは別の〕機能や意味を探る。たとえば、ペンをくるくる回したり、ごみくずでボールを作ったり、電話やコンピュータを使った娯楽を発明したりする。すべてのものはおもちゃになりえるのだ。

この何でもおもちゃにしてしまえるという能力は、遊び心の態度に備わっている流用的な特性から来ている。その特性のおかげで、わたしたちはあらゆる物を遊び心あるふるまいをするための道具に変えることができる。そもそも遊び心のあるデザインとは、ある程度うまくいったおもちゃのデザインのことだろう。つまり、遊び心のあるデザインとは、そのデザインによって、ユーザーがそれをおもちゃにして遊ぶことを可能にする物にほかならない。これは2章のアップルのSiriの例を考えればわかる。Siriが興味を引くものであるわけは、ばかげた問いをするようユーザーに誘いかけてくるからである。たとえそれがたんにSiriからばかげた答えが返ってくることをユーザーが期待しているからという程度の話だったとしても、ユーザーからその遊び心あるふるまいを引き出しているのはたしかにSiriのデザインなのである。*3

ある物がおもちゃに変わる場合、それは遊びの活動のための道具であることもあれば、遊び心を発揮するための道具であることもある。わたしたちが遊ぼうとするとき、あらゆるものがおもちゃになりえる。おもちゃになったからと言ってその物の本来の目的や特性がすべて失われるわけではないが、わたしたちは本来とはまるで別の仕方でそれを扱い、それを解釈し、それとやりとりする。遊び心は、何か行為を行うことをよりふざけたあり方に変え、その行為に使われる道具をおもちゃに近いものに変える。遊び心は、世界をおもちゃに変えるのである。

そういうわけで、おもちゃは遊びと遊び心のための道具だ。おもちゃは、最初から遊びのために作り出された物の場合もあるし、遊び心の態度を通しておもちゃとして解釈された物の場合もある。おもちゃはまた、ある種の文化的な役割も果たしている。おもちゃは、人はどのように遊ぶのか、そして遊びはどのようにして個人的なものになるのかということに関わるものでもあるのだ。先に述べたように、おもちゃは流用への扉である。子どものときには、おもちゃは空想の羽を広げるためのネタであり、想像の世界の入り口だった。おもちゃはまた、遊び心ある探求心を広げるものでもあった。つまり、自分は何者なのか、自分には何ができるのかを子どもながらに探るための道具でもあった。棚の上で手に取られるのを待っている子どものおもちゃは、不活性な状態の遊びであり、遊びの約束だ。そして人がおもちゃを手に取ると、それを通して遊びが世界を乗っ取り始め、想像の世界が現実に満ちていく。そのようにして現実は流用される。おもちゃは、遊びの口実であるとともに、遊びが具体化された姿でもあるのである。

機械的なおもちゃや自動式のおもちゃは、ほかのタイプのおもちゃにはない可能性を秘めていて、独特の魅力がある。(6) 機械的なおもちゃとその親類であるプロシージャルなおもちゃ（ここでは狭い意味で使っており、コンピュータ上で実現されるシミュレーション志向の機械的なおもちゃを指す）は、一見矛盾した性格を持つ。というのもそれは、「機械を動かす人」と「機械の動きをのぞき見る人」という二重の役割をユーザーに担わせるものだからだ。(7) 機械的でプロシージャルなおもちゃの魅力は、それが必ずしも人間を必要としないという点にある。それは、〔人がいなくても〕自分自身だけで遊んでいるように見える。それと同時に、わたしたちは、そうしたおもちゃで遊ぶことによって、それがどのようにふるまうか、それがどのように反応を返すかを理解する。たとえば、『SimCity』

は、壮大な都市の見世物であり、放置していても勝手に動くおもちゃだ。〔それゆえ、それを観察するだけでも楽しめるのだが〕同時に『SimCity』は、そのパラメータをいじくり回して何が起きるかを見て確かめたいという気持ちにもさせてくる。いずれにせよ、それをやっているあいだは、他者性の感覚が作り出される。そこにあるのは、ある種の遊び心ある小宇宙、観察者兼いじくり屋であるわたしたちにとって住みたいわけではないが眺めていたくなるような小宇宙なのだ。

機械的でプロシージャルなおもちゃは、道具以上のものである。それは一緒に遊んでくれる遊び友達だ。わたしたちは、そうしたおもちゃが〔人がいないところでも〕遊んでいるというふうに、つまり、それがひとりでに世界を流用しているというふうに想像する。(8) 遊ぶことは、世界に意味を見いだすことである。だとすると、〔それ自体が遊びの主体である〕プロシージャルなおもちゃを使って遊ぶことは、物がいかに世界に意味を見いだしているかを理解することだということになる。(9)

たとえば、ゴラン・レヴィンのYellowtailを考えよう。これは「抽象的なアニメーションを身ぶり手ぶりのようにリアルタイムで作り出して動かすインタラクティブなソフトウェア」だとされる。しかしそれはまた、〔ユーザーが作り出す動きというより〕それ自体が作り出す動きによって人を魅了するおもちゃだとも言える。たしかに最初の動きのパターンを作るのは人なのだが、それに続いて自動で生成されていく動きはすべて人を驚かし、楽しませるものになるのだ。(10) Yellowtailを立ち上げているあいだは、スクリーンの表面上で行う動きはすべて、自動的に生成されるアニメーションとして、目に見えるかたちで変換される。Yellowtailは、スクリーンを〔人が自由に絵を描ける〕キャンバスに変えているわけではない。むしろそれは、スクリーンをある種の窓に――電子化されたパラメータの内部に住まう異邦人と触れ合うための窓に――変えているのである。Yellowtailは、それを使って何度も遊んだり、いろいろなことを試したりするようにわたしたちを仕向け、そして何かをすればそれに対する見返りを与えてくれる。こうした点で、Yellowtailは遊び友達なのだ。

おもちゃは流用のきっかけになる物だという考えは、実のところ目新しいものではない。むしろそうした考えは、おもちゃに関する近代的な見方の中核にある。つまり、おそらく近年になって他人と遊ぶタイプの遊びから、〔おもちゃで遊ぶ〕より孤独なタイプの遊びに変わってきたという文化史観の根底に、そうした考えがあるのだ。[11] 歴史的に見れば、おもちゃは、共同体のなかで使われる遊び道具から、個人的な快を生み出す物へとゆっくり進化してきた。もちろんこのことは、啓蒙主義的な教育革命において、おもちゃが基礎的な教育道具のひとつとして扱われたことと関係している。[12] 子どもはおもちゃを通じて遊びを習得するが、それだけでなく、同じことを何度も繰り返すことを習得し、そしてそれによって世界がどんなふうにふるまうものであるかを理解できるようになる。[13] たとえば、おままごと用のキッチンや自動車模型は、料理や乗り物での移動といったふだんの活動がどんなふうに行われるかを目に見えるかたちで示してくれるものだ。場合によっては、問題のあるジェンダー・ステレオタイプがそうしたおもちゃに組み込まれていることもある。おもちゃは、しばしば「あたりまえのこと」を無批判に反映し、再生産する。それゆえ、おもちゃを通じて「あたりまえ」を学んだり、それに同化したりすることができるのである。

おもちゃはまた、遊びに備わる自由さを物理的に具体化したものでもある。たしかにおもちゃは、何か特定のインタラクションの形《フォーム》をほのめかし、提案し、場合によっては要求してくるかもしれない。しかし、おもちゃがそれを押しつけてくることは決してない。ゲームや儀式は型にはまった遊[14]びを作り出すものだが、おもちゃはそれとはちがって遊びを後押しする《イネーブラー》ものであり、遊びを運ぶもの《ビークル》である。遊び心あるデザインがそうだったように、おもちゃもまた、それが多義的で解釈の余地があるときに——言い換えれば、それがあまり中身の入っていない入れ物で、それを使ってどんな物語や世界や行為が作り上げられるのかがはっきりと決まっていないときに——効果を発揮する。ボールはただの球体でしかないが、そのなかには無限のゲームの可能性が含まれている。レゴブロックは、たしかにごく限られたやり方でしか組み合わせられないような作りになっているが、それでも膨大な数の組み合わせが可能である。レゴブロックが〔特定の形をした〕遊びを指図しているとはとても言えない。むしろ、それは〔不特定の〕遊びをうながしているのだ。

おもちゃは、遊びを示唆し、流用への扉を開く。それは究極の遊び道具だ。おもちゃは、それ自体の中身があまりないおかげで、想像力次第で遊びがいろいろな形をとることを可能にする。[15]おもちゃは遊びのツール、つまり遊びの活動と遊び心にとって役立つ物だ。それゆえまた、おもちゃは、自分を表現するための、自分を知るための、そして自分を探るための道具でもある。
このように、おもちゃは物理的な性質と文化的な性質を持つが、それはそのデザインの帰結である。おもちゃは〔人が〕遊ぶためのテクノロジーであり、〔人が〕遊びを通して世界を理解するために作られたものだ。(16)〔一方で〕より重要なことだが、おもちゃは遊びの物質化（materialization）でもある。それは遊びを作る物であり、そして遊び〔の物質化〕のために作られた物である。おもちゃは遊びの物質《マター》である。[*4]
そういうわけで、人が遊ぶための／遊びがあらわれるためのテクノロジー[*5]としておもちゃを特徴づけることが重要である。この特徴づけによって、物としてのおもちゃのデザインを、遊びの生態系においてそれが担う機能と関係づけて説明できるようになる。おもちゃはテクノロジーの一種であり、そして一般にテクノロジーは〔それを通して〕世界を経験するための道具として有用だとされる。ということは、おもちゃは、遊びを経験可能なものにするための道具としても有用だということだ。おもちゃには、文化的な役割や感情的な役割だけでなく、経験的な役割もあるのだ。それゆえ、〔おもちゃの意義を明らかにするには〕おもちゃの物質性に注目して、それがどのようにして遊びを媒介しているのかを理解する必要がある。
以下では、おもちゃとはどんなものであるのかについてもう少し形式的な分析を示したい。とはいえ、そのまえに次のバイアスがあることを認めておかなければならない。わたしはたしかに、プロシージャルなおもちゃの完成度と、それが他者性を持った機械として動くあり方に魅力を感じる。プロシージャルなおもちゃが魅力的なのは、それが他者性を感じさせる枠組みだからであり、それ自体が持つ条件によって駆動する小世界だからである。しかし、こうした魅力があるにもかかわらず、わたしが実際に好むおもちゃは、より開かれていて、より完成されていない世界を提示してくるおもちゃである。[17] レゴは未完成の世界（あるいは想像によって補わないといけない世界）だが、わたしにとっては、『SimCity』のような遊び心のある〔完成した〕シミュレーションシステムよりも、そうした未完成な世界のあり方のほうが魅力的である。そういうわけで、わたしの見方にはバイアスがかかっている。とはいえ、それは意図的にそうしている。

おもちゃの文化的な側面を考えよう。伝統的におもちゃは、ミニチュアとして、つまり何かに特化した使い方ができる模型として理解されてきた。[18] しかし、近年のおもちゃ、とりわけコンピュータ機器上で動作するおもちゃは、もはや従来のミニチュアとしてのあり方にとどまるものではない。むしろそれらは、遊びの特性を助長する物という観点からとらえなおすべきものだ。『のびのびBOY』は、おもちゃがデバイスの機能を乗っ取って遊びの道具に変えてしまうさまをわかりやすく示している。おもちゃは、世界を映すミニチュアとしてではなく、遊びに使う道具として考えなければならない。[19]

遊びの生態系は、遊びの文脈をかたち作る諸要素――行為者、状況、空間、時間、テクノロジーといった遊びに巻き込まれるものすべて――から構成されている。そうした生態系のなかで、おもちゃは一種の小道具として、つまり遊びの活動の諸要素をある程度型にはまったかたちで具体化するものとして働く。たとえば、ボールは〔その物理的な特性を通じて〕スポーツのルールの一部を具体化している。そしてそこには、ある種の本質的な気持ちよさ――物理的な物の動きを部分的にしかコントロールできないという気持ちよさ――が基本的な型として備わっている。人間はボールが大好きだが、その理由は、たんにボールが得点をとるための道具だからというだけではない。使いこなすのが難しいからこそ、ボールは魅力的なのだ。そのような意味で、ボールは遊びの素材である。

遊びの小道具としてのおもちゃは、遊びの諸特性の一部と親和性を持つように設計されている。遊びの流用的な性格を理解するのに適したおもちゃもあれば、遊びの自己目的的・表現的・個人的な性格を強めるようなおもちゃもある。[20] たとえば、『のびのびＢＯＹ』は流用に特化したものだし、テディベアは表現に特化したものだ。それぞれのおもちゃは、それが具体化しようとしている遊びの特性に特化したかたちで設計されるのである。

この意味で、おもちゃはいろいろな側面を持つ。[21] それらは、遊びの諸特性がおもちゃを通じて物理的なかたちであらわれたものにほかならない。そうした側面に注目することで、人は――物を作る人であれ、物について考える人であれ――遊びと遊び道具がどのように相互作用するのか、そしてどのようにしてテクノロジーや実践のうちに遊びが組み込まれるのかを、より深く理解できるだろう。

ここで、おもちゃの側面を二種類に分けることが有益である。ひとつはフィルタリングの側面、もうひとつは具現化《マニフェステーション》の側面である。言葉づかいがうっとうしいかもしれないが、難しい話ではない。ようするに、おもちゃは遊びの活動をどのように具体化するのか、おもちゃの物質性はそのデザインを通してどのように遊びの活動と関係するのか、という話だ。

おもちゃには、設計された機能としてフィルタリングの側面がある。それは、当のおもちゃが媒介する活動に人の注意を向けさせるために、遊びの文脈に含まれるべき諸要素をフィルタリングするという機能だ。[*6] おもちゃは、遊びの文脈をフィルタリングすることによって、遊びの活動を特定のあり方で——当のおもちゃを利用した独特の表現として——具現化することを提案し、アフォードする。[*7] おもちゃは、遊びの文脈をフィルタリングし、それに注意を向けさせ、それを明確にするものなのだ。遊びは、おもちゃによって具体的に形成され、物質的な形を与えられるのである。[22]

ボールは、あらゆるおもちゃのなかでもっともベーシックなものだ。それを使ってできることはごく限られている。たとえばバウンドさせたり転がしたり投げたりはできるものの、それ以上のことはたいしてできない。そして、ボールが使われる空間とそこでなされる活動は、ボールが一番うまく働くようにフィルタリングされる。もちろん、遊び心を発揮してボール〔の使い方それ自体〕を流用することは可能なのだが、それによってできることが大幅に変わるわけではない。ブライアン・イーノとピーター・チルヴァーズの音楽おもちゃ『Bloom』にも同じことが言える。『Bloom』は印象深い音を生成する楽器アプリだが、実際には、そのアプリはそれを使った活動をフィルタリングしており、特定の種類の音楽的なインタラクションしかできないようになっている。そこでは、入力のタイミングにもとづいた――つまりピッチや調性ではなく、リズムにもとづいた――インタラクションしかできないのだ。(23) プレイヤーがスクリーン上の適当な場所をタッチすると、そのタッチ入力は、徐々に消えていってはまた反響するというのを繰り返すクリアな音に変換される。そして何度かタッチすれば、即興的な音楽演奏ができあがるというわけだ。ユーザーは、好奇心を持って『Bloom』をタッチしながら、音楽作品を作ろうと模索するのである。

おもちゃが持つフィルタリングの側面は、もっぱら機能の問題、つまり、遊びの最中になされるいろいろな行動に対しておもちゃがどのように順応するかという問題だ。その意味で、フィルタリングの側面は、おもちゃの物質的な組成とは〔直接には〕関係がない。たとえば、ボールが持つフィルタリングの側面は、そのボールの素材が布であろうが革であろうが合成皮革であろうが、〔そうした物質的な組成のちがいがプレイヤーの行動にとって有意なちがいでないかぎりは〕すべて本質的に同じである。*8

おもちゃが持つフィルタリングの側面について〔もう少しつっこんで〕考えようとすると、どのようにしておもちゃは遊びの活動のうちに組み込まれるのかという問題が出てくる。この問題は、デザインについての古典的な見方から言えば、設計された記号表現《シグニファイア》やアフォーダンスや制約の観点から考えるべしということになるかもしれない。しかし、フィルタリングは、それらの概念よりもはるかに柔軟なものとして想定されている。というのも、フィルタリングは、〔アフォーダンスなどとはちがって〕なんらかの方法論にもとづいた意識的なデザインプロセスの一部ではないからだ[24]。おもちゃ作りに必要なのは、〔方法論にもとづいて物を作ることではなく〕遊びの状況を理解したうえでそれに適した物を作ることである。おもちゃを作るプロセスは、プロのデザイナーだけができる仕事というわけではない。それは子どもにもできる仕事なのだ。フィルタリングという考えは、おもちゃ作りが開かれたものであるということ——言い換えれば、誰もがおもちゃを作る能力を持っているということ——と整合する。

一方の具現化の側面は、物質世界により密接に関わっている。先に述べたように、おもちゃはわたしたちが人生を感傷的に振り返る際に重要な役割を果たす。おもちゃは、過去の時間を——子どものころの思い出や、誰かと遊んだ記憶を——物として具体化できるからだ。おもちゃはどのように経験されるのか。おもちゃは遊びの文脈とどんな種類の関係を持っているのか。こうしたことを理解するには、おもちゃの物質性に目を向ける必要がある。物質性は、愛着や感情を理解するうえで重要な要素だからである。

物質性が重要になるのは、おもちゃが遊びの文脈のなかでどのようにふるまうかについて考えるときである。そこで使われているのは、コンピュータ上のおもちゃなのか、手作りのおもちゃなのか。あるいは、そこで得られる経験は、木の手触りの気持ちよさなのか、いろいろな部品を即席でごちゃまぜに組み合わせたかたまりに一瞬触れる感覚なのか。遊びの〔具体的な〕経験を理解しようとするかぎりは、こうしたおもちゃの物理的なあり方を無視することはできない。

おもちゃが持つ具現化の側面は、おもちゃの物質性――その素材、その技術的な基盤、それをつかんだときの感じ、それにまつわる思い出――の問題である。おもちゃが遊びを具体化するということがいったいどういうことなのかは、この側面に注目することで分析できる。本革のボールで遊ぶことと合成皮革のボールで遊ぶことは同じではないし、[25] モバイル機器上のおもちゃアプリで遊ぶこととコンピュータ上のソフトウェア・トイで遊ぶことは同じではない。

たとえばVectorparkの『Levers』は、コンピュータでプレイする場合とモバイル機器でプレイする場合とで得られる質的な経験が異なる。コンピュータの場合は、タッチパッドを通した操作であるおかげで物に対していくらか距離があるのに対して、モバイル機器の場合は、物に直接触っている感じになる。[26]『Levers』は、画面に次々に出てくるいろいろな物――クジラやら喫煙パイプやら――を海の上に浮かぶてんびんに吊るしていって、なんとかしてバランスをとるというシュールなおもちゃだ。このおもちゃの物理演算は入念にデザインされており、物をてんびんに吊るして釣り合いを保つという触覚的な経験が、知的に満足でき、かつ身体的にも気持ちいいものになっている。

物質性は、おもちゃと遊びにとって重要なのである。

おもちゃは、世界のうちに存在する物体である。それゆえ、おもちゃは、その物理的な存在のあり方の観点から理解・説明される必要がある。おもちゃの物理的な形、それが占める現実の空間、そしてそれがどんな具合にその空間を占めているか。おもちゃを分析したり作ったりするには、こうしたことに少なからず意識的にならなければならない。おもちゃのフィルタリングの側面は、遊びの活動におけるおもちゃの役割——どんな活動をうながすか、どのようにそれをうながすか——を理解するうえで重要である。一方で、おもちゃの具現化の側面は、遊びの活動の際のプレイヤーの感情的・知的な反応を理解するうえで重要である。

本書は遊びの生態系の全体を理解することを目指しているわけだが、おもちゃについて考えることは、遊びの文脈を構成する技術的・物理的な諸要素を理解するための土台になる。遊びは、それを通してわたしたちが世界を理解する活動だが、同時にその活動は、それを具体化する物理的な素材に——つまり、その活動の意味の一部を担い、その活動が実際に生じるようにうながし、そして人々がその活動を共有したりそれについて語り合ったりできるようにする物体に——深く根ざしたものでもある。おもちゃは、ある種の理念上の活動を物理的に具体化したものだ。それは、遊びの理念を物質のうちに現実化しているのである。

おもちゃは、わたしたちを魅了して〔具体的な〕時間と空間につなぎとめる働きを持つ。それは人から感情的な反応を引き出し、人の記憶や文化のなかで一定の役割を果たし、そして遊びが生まれるような状況を人が作り出せるように手助けする。〔1章で述べたように〕わたしは、遊びをロマン主義的な可能性に満ちた活動として考えている。(27) おもちゃは、そうした理念を物質世界、つまり物からなる世界にもたらすものだ。遊びの理念を探し当て、それに触れ、それを感じ、それを表現し、そしてそれを他人と共有すること。おもちゃはそうしたことを手助けしてくれる。遊びの技術としてのおもちゃは、遊びが世界のうちに物理的にあらわれた姿であり、わたしたちのうちにある遊び心という気質のしるし《トークン》である。おもちゃは、世界のなかに遊びを解き放ち、そしてわたしたちを遊ぶ人に変える。この意味で、おもちゃは遊びのツールなのである。

Chapter 4

遊び場

Playground

――船が沈んでるよ！　早くモアイのところまで走ろう。海賊に見つからない場所がそこにあるはずだ。……さあてどこに隠れているんだ？　こっちか、いやこっちか？　おっと見つけたぞ。船腹の穴に隠れていたとは！　いやあすごく怖かった！　さて次は何をしよう。

これらはすべて、その日コペンハーゲンでわたしと長男の身に起こったことである。ただし、遊び場での話だ。

この冒険は、ある暖かい秋の日に、市の東部にあるライエプラス（デンマーク語で文字通り「遊び場」を意味する）[*1]で行われた。[(1)]家族でおでかけの最中に、わたしたちはこの非常に目につく遊び場

図4-1　遊び場で沈没している船

にたまたま出くわしたのだった。それは形と構造のお祭りとでもいうべきもので、沈みかけの船（図4－1）とイースター島のモアイに似た大きい像を中心にして空間が組み立てられていた。

このふしぎな遊び場は、デンマークの遊び場デザイナー集団モンストロム[2]の作品である。モンストロムは、彼ら自身の個性とカリスマを作品に注ぎ込むだけなく、大人と子どもが一緒にわくわくして楽しめるような遊びのための舞台設定を提供してくれる。モンストロムは、冒険遊び場《アドベンチャー・プレイグラウンド》[3]をセンスあふれる作品に仕立て上げているのだ。

とはいえ、この章で問題にするのは遊び場の歴史ではなく、遊びと空間の関係である。遊び場はあくまで、遊びとデザインされた空間の関係を説明するための具体的な事例として――さらにはある種の比喩《メタファー》として――利用することにしたい。

本書ではここまで、遊びとは何か、遊び心とは何か、遊び道具のデザインはどのようにしてそうした活動や態度をうながすのか、といった事柄を論じてきた。この章で論じるのは、そもそもわたしたちはどこで遊ぶのか。そしてその空間はどのようにデザインされるのか、ということである。ここでわたしは、ゲーム世界——バーチャル世界であろうがなかろうが——やスポーツの競技場について考えたいわけではない。それらはたしかに遊びのために作られた空間ではある。しかし、ここで問題にしたいのは、もっと抽象的で範囲の広いカテゴリー、つまり、遊びのための空間のさまざまなバリエーションをすべて含む親カテゴリーである。以下では、遊びが物理的な環境やバーチャルな環境をどのように変えるのかについて、また逆に、そうした環境のなかで——そしてそうした環境によって——遊びがどのように変わるのかについて、踏み込んで考えてみたい。

〔この抽象的な意味での〕遊び場は、遊びと〔文字通りの〕具体的な遊び場の相互関係を理解するのにもっとも適した比喩である。しかしそれはまた、スケートパーク[*2]、スケーターやパルクールのトレーサーに乗っ取られた公園、さらには当然ながら〔ビデオゲームの〕バーチャル環境といったさまざまな空間を理解するための比喩でもある。（「トレーサー」はパルクール実践者の通称。パルクールとは、市街地の建造物をコースとして利用して、走る・跳ぶなどの身体能力の限界を追求する人気スポーツ。）

空間と遊びの関係を理解するために、本書の主な主張のうちの二つをあらためて思い出しておこう。ひとつは、遊びは流用的であるという主張。もうひとつは、遊びは物・文化・人からなる文脈のなかで、つまり〔具体的な〕時間と空間のなかで生じるものだという主張である。以下の議論の土台として、まずはじめに遊び空間（play space）とゲーム空間（game space）を区別しておく必要がある。遊び空間とは、遊びに適合するように特別に作られてはいるものの、何か特定のタイプの遊び――特定の活動、目標、報酬の仕組みなど――を強制することはない、という空間のことである。遊び場は、遊び空間のもっとも典型的なあり方だ。〔その場所自体の性質によってではなく〕おもちゃがあることによって、その場所が遊び空間に変わっていることもある。たとえば、診療所の待合室におもちゃが置いてあるケースなどは、そのおもちゃの存在が子どもを（そしてその親を）そそのかして、その場所を遊びに流用するように仕向けているわけだ。

それに対して、ゲーム空間とは、ゲーム活動のために特別にデザインされた空間のことである。つまり、その大きさ、尺度、備えつけの遊具《プロップ》、*3場合によってはその所在地にいたるまで、そのすべてがゲームを開催するという目的を持って作られている空間だ。ゲーム空間は、たとえばヨーロッパにあるいくつかのサッカースタジアムのようにただひとつのゲームに使う目的で作られることもあれば、古代ローマの闘技場のように多種多様なゲームに使う目的で作られることもある。もちろん、ゲーム空間がゲームのためにデザインされたものだとしても、それが遊び空間に変わることはある。その場合もまた〔診療所のケースと同様に〕、ある空間が遊びに流用されることで、遊び空間が作られるのである。

デジタルの領域では、『Doom』から『Medal of Honor』にいたるまで、[*4]遊び空間に対してゲーム空間が完全に優位であると言いたくなるかもしれない。実際、バーチャルなゲーム世界の大半は特定のゲームに使うために作られており、レベルデザイン上の工夫はもっぱらゲーム空間のデザインに焦点をあわせたものだ。[*5]しかし一方で、遊び空間としての空間のあり方もまた、バーチャル世界においてひとつの重要な伝統としてある。『Grand Theft Auto』や『Fallout 3』のようなサンドボックスゲーム[*6]では、プレイヤーは広大なバーチャル環境を多かれ少なかれ自由に歩き回ることができるが、そのような空間のあり方はゲーム空間であると同時に遊び空間でもある。また、ゲーム空間と遊び空間をともに含むビデオゲームは、サンドボックスゲームだけではない。『SimCity』ようなソフトウェア・トイや、そのほかのプロシージャルなおもちゃもまた、かなりの部分が遊び空間の性格を持っている。それらは、何をすれば何が起こるかを試してみることができるように作られた可能性の空間[*7]なのだ。ビデオゲームにおける遊び空間は、物質側（つまりシステムがどのようにふるまうか）の創発的ふるまいと、ユーザー側の創発的ふるまいの両方に関係している。

　空間と遊びの関係は、流用とそれに対する抵抗が緊張状態にあるという点で際立っている。一方では、空間は、遊びによって自由に流用されてよいものとして提示される。しかしもう一方で、その空間は、ある種の遊びに対して――とりわけ、政治・法律・道徳・文化などの観点で認められない遊びに対して――抵抗する。そういうわけで、遊びはさまざまなあり方の流用を通して空間と関係し、そしてその関係は〔その流用に対する〕抵抗と服従のあいだの絶えざるダンスとしてあらわれる。

コペンハーゲンにあるモンストロムの遊び場に話を戻そう。モンストロムが作るのは、子どもが流用できるようにデザインされた空間だ。モンストロムの遊び場は、遊びの方向性や活動のあり方、挑むべき課題やどんなことができるかをそれとなく示唆している。子どもは、その空間がほのめかす通りのやり方で、這いつくばったり、ジャンプしたり、忍び寄ったり、転がったり、すべり降りたりすることができる。もちろんそのやり方は、示唆されてはいるものの、はっきり決められているわけではない。モンストロムの遊び場が持つ物語の舞台のような雰囲気もまた、その空間がどのように流用できるのかを示している。たとえば、沈みかけの船やモアイは、冒険の舞台設定をすぐさま想像させ、それによって年長の子どもたちが海賊ごっこをできるようになっている。また、これらの建造物の構造は、旗取り《キャプチャー・ザ・フラッグ》ゲームやかくれんぼや鬼ごっこといったゲームをするようにうながしてくる。この遊び場にある構造体のさまざまな形状と配置は、さまざまな種類の潜在的なインタラクションを示唆しているのだ。そういうわけで、この遊び場の物質性とその見栄えは、ともに遊びによる純粋な流用に対して——つまり〔任意の〕行動と経験を生み出すために〔好き勝手に〕遊びに利用されることに対して——抵抗する手段になっている。とはいえ、もちろん遊びには、いつでもデザインによる縛りを抑え込んで、入念に設計された空間を完全に別物の空間に変えてしまう力

図4-2　遊具のモアイ

がある。そうやって作り変えられた空間は、それでもまだ遊びのための空間である。

遊び場がどのようにデザインされているかに注意を払うと、遊びが当の空間のなかで遊具を中心にして組み立てられることが多いのがわかる。モンストロムの遊び場のケースでは、船、モアイ、吊りロープはすべて、特定の場のあり方――それらを使ってできる特定の一連の活動――を目指して作られている。たとえば、船からモアイに飛び移るとか、ロープを使ってよじ登るとか、そこまでたどり着くとか、ロープですべり降りるとかだ（図4-2）。それらを通じて得られる、めまい、秩序、組み立て、混沌といった経験はすべて、この遊び場の構造のうちに潜在的に備わっている。それらはすべて、この空間が可能的に生み出すことのできるものなのだ。

空間が遊びのためにどのように構造化されるかは、

そのデザインやそれに対する遊び心ある解釈だけで決まるわけではない。強力な規範、ルール、法律は、公的・私的を問わず空間の使い方を左右する。たとえば、モンストロムの遊び場は、〔法的に〕安全性が認証されるように、つまり制度的に適正なものになるように作られているだろう。陳腐なデザインの遊び場がここ数十年で増えてきたように思うが——どこもかしこも遊びのためというより安全性のために、プラスチックの物体を何個も並べて設置している——、そうしたケースの多くは、センスのなさのせいというよりも保護的な法律のせいである。[4] また、デジタルな遊び場[5]とかコンピュータによって強化された遊びの環境[6]といったものに対する関心が最近高まっているが、これらもまた、遊びはコントロールすればするほど安全になるという規範的な考えにもとづいている。

遊び場がこうした状況にいたるまでには、ちょっとした興味深い歴史がある。この歴史には、空間が遊びのためにどのようにデザインされるかを理解するためのヒントがある。モンストロムの遊び場を含め、わたしがよく行くコペンハーゲンの遊び場の多くは、デンマーク発祥の冒険遊び場[7]の最新の姿だ。冒険遊び場は、デンマークの進歩的な教育者たちが生み出したもので、もともとは「ガラクタ遊び場《ジャンク・プレイグラウンド》」と呼ばれていた。彼らの関心は、子どもに遊び場を作るための道具を与えることで、子どもが遊びを通じて個性を表現できるようにすることにあった。つまり、〔出来合いの〕すべり台ややぐらを与えるかわりに、のこぎりとハンマーと釘を与えて、子どもが自分たち自身の遊び場を作れるようにしたのである。

この実践は明らかに危険を伴うわけだが、結果として面白い副次効果を生み出した。冒険遊び場でのあらゆる遊びを大人が監督することになったのだ。この方法によって安全性はほどほどに確保されたが、それは同時に、大人が子どもの遊びを監視し、潜在的にではあれ大人がそこに介入するということでもあった(8)。ここにあるのは、子どもはどこまでも自由だなどという物語ではない。むしろ、遊びが持つ創造的な――同時に潜在的に破壊的な――力に子どもを触れされる場合には慎重にそのバランスをとる必要があるということが、この事例によって示されているのである。

冒険遊び場は、アレン・オブ・ハートウッド卿夫人の努力によって、第二次世界大戦後のイギリスで導入された。ハートウッド卿夫人は、デンマークでの冒険遊び場の事例を観察したあとに、二つの目的を持ってこの概念をイギリスに持ち込んだ。第一に、ハートウッド卿夫人は、子どもたちが遊びを通じて戦後の復興へと向かう社会に溶け込むのを手助けする手段として、冒険遊び場をとらえていた。冒険遊び場は、ヴィクトリア時代の遊び場よりももっと大きな自由を子どもたちに与える。そして子どもたちは、そこで楽しみながら遊ぶことを通して、戦後の社会で役立つ事柄を学ぶというわけである[*8]。第二に、ハートウッド卿夫人は、遊び場作りを都市再生計画の一環としてとらえていた。というのも、遊び場の大半は、爆撃を受けた都市の爆弾穴《クレーター》に作られたからだ。

冒険遊び場の歴史はそれ自体で興味深いものだが、わたしがここでそれを持ち出した理由は別にある。冒険遊び場のあり方は、遊びに対するわたし自身の理解[*9]にかなり近いところにあるのだ。冒険遊び場は、遊具を持ち込むことで空間がどのように遊びのためにデザインされるのかを理解するのに役立つ。遊具は、ある境界づけられた空間の内部で遊びが生じることを手助けすると同時に、遊びの活動が持つ創造的で流用的な力が発揮される余地を残すものだ。すぐれた遊び場とは、遊びに対して開かれており、かつそこに置かれた遊具が、遊び心を発揮してその場を占領するための道具として働くような空間である(9)。

そのような空間それ自体をいかにデザインすべきかというのは建築学の問題だ(10)。むしろ、わたしたちが気にすべきは、それを取り巻くさまざまな規範的な枠組みにしたがいつつ遊びをうながすような空間はどのようにすれば作れるのかという問題だろう。これは難題である。というのも、そうした規範や規則は、わたしたちが適正と見なす種類の遊びを念頭においた保守的な価値観に染まっていることが多く(11)、そしてそうした価値観はふつう、遊びが一種の自己表現の手段であるということに、未来の可能性ではなく恐怖を感じているからである。

遊び場は、流用のためにデザインされた空間である。これは〔流用そのものがそのデザインの本来の目的になっているという点で〕興味深いことだ。しかし、遊びの力を見くびってはいけない。遊びには、それのために用意された環境の外に飛び出して世界を流用する力がある。スケートボードやパルクールといった都市型《アーバン》スポーツを考えよう。そうしたスポーツのプレイヤーは、都市空間を使って遊んでいる――より適切にいえば、遊びの活動を行うために都市空間を流用しているのである。

スケートボーダーは、身の回りの都市空間のなかに遊び場を見いだす名人だ。[12] 彼らの手にかかれば、手すりも階段もすべて遊びのためのものになる。空間がより公共的で複雑になると、それを利用した遊びがより増えていく。一部の都市には費用をかけたスケートパークが作られたが、それにもかかわらず、週末の夜になると〔スケートパークではない場所で〕スケートボードをする十代の若者たちを見かける。彼らは、わたしたちの目に映る公共の環境がいかに平凡なものであるかを明らかにしてくれる。わたしたちがただの広場だと思っているものは、実はたんにわたしたちの物の見方が反映されることでそう見えているにすぎない。彼らはそのことに気づかせてくれるのだ。そうした若者たちにとって、それは広場ではない。それは遊び場であり、そして彼ら自身の遊び場である。

パルクールもまた同じように都市空間を流用し、再解釈するものだ。それは都市の建築を障害物に変え、さらには自己表現の道具に変える。[13] 現在多くの都市がパルクール用の遊び場を作り始めているが、トレーサーが自己表現をするに際してもっとも面白いと見なすのは〔それ専用に作られた遊び場ではなく〕都市空間上のルートだろう。パルクールでは、さまざまな離れ業を記録して共有することが重視されるが、それは当の空間を実際に身体で深く経験しているかどうかが大事だからである。そしてパルクールはそうした経験を助長する。パルクールは、一緒になって都市空間を乗っ取るトレーサーたちを描き出す。それはいわば都市空間を、身体を使った表現のためのキャンバスに変えているのだ。

次にデジタルな領域での遊び場について考えよう。コンピュータのおかげで、ますます手の込んだバーチャル世界を作ることができるようになってきているが、そうしたバーチャル世界の大半は遊ぶために作られたものだ。実際、コンピュータ技術がゲームの歴史に与えた主な影響のひとつは、複雑でインタラクティブな世界を作ることを可能にしたという点にあるとすら言える。(14)

本書では、ビデオゲームの話に深く立ち入るつもりはない。結局のところ、ビデオゲームは遊び道具のほんの小さな部分集合にすぎないからだ。とはいえ、ゲーム空間と遊び空間を両立させるのにコンピュータはどう役立つのか、バーチャルな空間を理解するのになぜ遊び場が有効な比喩になるのか、といったことについて少し考えておきたい。

まず、オープンワールドを提供するビデオゲーム〔＝サンドボックスゲーム〕を取り上げよう。オープンワールドは、もっぱらゲームという遊びの形式を中心に組み立てられている世界ではなく、ゲームをその一部として含む世界、場合によっては多くの別々のゲームをその一部として含むような世界である。『Grand Theft Auto』や『Fallout 3』、もっと言えば大規模多人数同時参加型ゲームの大半は、多かれ少なかれサンドボックスゲームだ。そうしたサンドボックスゲームのデザインが興味深いのは、流用に開かれた空間という発想をデジタルなかたちで実現しつつも、完全にあらかじめ決められた活動〔＝ゲーム〕のための遊具がまだそこに残っているという点である。

『Grand Theft Auto』を例にとろう。この作品は、直線的な物語構造に沿ってプレイするように求めてくるわけだが、その筋書きを先に進めるための物語の結節点《ノード》は、言ってみれば――その世界上の遊びをうながすほかのすべての物と同じく――遊具である。物語に沿って進めれば形式と構造を持ったゲームをすることができるが、プレイヤーは必ずしもそれにしたがう必要はない。プレイヤーは、物語が示すのとは別のルートをとって何が起きるかを、遊び場でそうするのと同じように、いろいろと試すことができる。

ソフトウェア・トイにもまた、この性質がある。たとえば『SimCity』は、都市を開発するようにプレイヤーをうながす。そして、都市が大きくなるにつれて、面白い挑戦課題や心地よい視聴覚的なフィードバックがどんどん提供されていく[15]。しかし、そうしたプロシージャルなおもちゃで遊ぶ際の楽しみの多くは、〔提供される楽しみではなく〕まさにその遊具性（propness）そのものをあれこれ試しながら探ることで得られる楽しみだ。つまりそれは、そのからくりがどうなっているのか、それを使ってどんなものを作り出せるのかといったことを解き明かす楽しみなのである。プロシージャルなおもちゃは、冒険遊び場にいくらか似ている。それは、子どもにハンマーと釘を与える一方で、子どもが決して無意味な時間を過ごしたりハンマーで親友の頭を殴ったりしないように大人が用心深く気を配っているというような、冒険遊び場のあり方に近いものである。

実験的なビデオゲームには、これとは別のかたちでの遊び場の解釈が見られる。そうした作品は、サンドボックスゲームやソフトウェア・トイと同じようにコンピュータの性能を利用してバーチャル空間を作り出すものの、それによって構造化された遊びと構造化されていない遊びのあいだの魅力的なダンスをもたらすわけではない。むしろそれがもたらすのは、深く物思いにふけるような経験だ。そうしたビデオゲームは、遊び場の限界上にある。それは、従来の遊びのレトリックを利用する遊び場と、ロマン主義的な庭園――可能ではあるが決して現実にはならない活動を暗示するべく設計された庭園――の中間の概念として理解するのがいいかもしれない。こうした空間を「感情の遊び場《エモーショナル・プレイグラウンド》」と呼んでおこう。それは、遊びの形式というよりも遊びの経験を利用して感情を生み出すように設計された空間である。

『Proteus』(図4－3)は感情の遊び場の一例だ。[16]この作品では、プレイヤーは自動生成された島を自由に歩き回ることができる。そこでは、鳥や蝶が生息し、石や木があり、雪と雨が降り、太陽が昇り、そして季節と星々がめぐる。『Proteus』のプレイヤーは、音楽に付き添われながら、世界を探索するという自分自身の目的を果たすべく行動する。

『Proteus』は、プレイヤーが自分自身を投影する経験を生み出すためのインタラクティブなソフトウェアである。わたしたちは、遊びの雰囲気のなかでその世界と関わりあいながら、ある種の経験を作り出す。『Proteus』は、遊びながら自分の感情を探っていく作品である。わたしの場合、それは切望、孤独の快、心の安らぎといった感情だった。『Proteus』での散策は、ある種の遊び場を歩

図4-3　『Proteus』の世界に入る

くことだ。しかしそれは、その空間の作り手によって計画的に配置された遊具を探るように設計された遊び場ではない。それは、わたしたちが自分自身の感情の遊具[*10]でそこを満たすように設計された遊び場である。そして、そうした感情は、その遊びを通して経験することができるものである。

『Proteus』は、デジタル媒体を使った世界のデザインのひとつの方向性を示している。『Proteus』は、ソフトウエアが持つ世界を創造する力を活かしつつ、遊びが持つ感情に訴える力に焦点をあわせる。そしてそれによって、遊びを通した探求にわたしたちを誘い込むと同時に、わたしたち自身が経験と探求の主体になることを可能にする。『Proteus』の美しさは、その開放性によって、つまりわたしたちがその空間を乗っ取って〔自分の感情で〕満たすことができるような余地があるということによって生まれている。

コンピュータは、まったく新しい仕方で遊び場を理解・創造する手段をもたらしつつあると言えるかもしれない。プログラマーは、独自の物理法則と論理を書くことができる。これは、現実世界とは異なる整合性を持った世界——別の物理法則、別の時間、さらには別の物質性を持った世界——を作ることができるということだ。とはいえ、いまのところはまだ、デジタルな遊び場は、現実の遊び場の遊具が持つ物質性の重要な部分を、その効果を維持したままデジタルに置き換える方法を定式化しようとしている最中だ。

遊び場は、遊びのために選ばれた空間のなかで物質性と活動がどのように結びつくかを明らかにしてくれる。わたしたちは、遊び場を比喩として理解することで、ゲーム空間の縛りから抜け出すことができるだろう。ゲーム空間は、ゲームを遊ぶという目的のためにデザインされた空間だが、遊びが持つ創造的で流用的な力を探求することを必ずしも許容するわけではない。遊び空間——スケートパークから『Proteus』まで——を定義するものがあるとすれば、それは流用に対して開かれているということである。言い換えればそれは、わたしたちに自分のあるべき場所を与えてくれるというかたちで遊ばせてくれる空間である。

Chapter 5

美

Beauty

ここまで、表現としての遊びを取り上げてきた。人は、空間のなかでおもちゃを通じて自分を表現する。それは遊びの活動としての表現の場合もあれば、遊び心の態度としての表現の場合もある。この章では、遊びが〔表現として〕重要であるだけでなく、美しいのはなぜなのかを考えたい。つまり、この章の主題は美だ。はじめにややこしいことを言っておこう。「美」と言うからには、芸術[*1]の話になるように思えるかもしれない[1]。たとえば、遊びは芸術的な表現なのか、おもちゃやゲームといった遊び道具は「芸術」なのか、といった話だ。多少口悪く言えば、正直なところわたしはそんなことはどうでもいいと思っている。それゆえ、その手の議論からは距離をとりたい。とはいえ、わたしが提唱しているタイプの遊び観は、明白に「芸術に関わる」ものではある。それは、「芸術作品」がきわめて多様なあり方をするということ――ラブレーやセルバンテス[2]からオノ・ヨーコやジョン・ケージ[3]まで――の根っこには遊びがあるという考えだからだ。中世の演劇や祝祭であれ、フルクサスやパフォーマンスアートであれ[4]、遊びと遊び心が芸術作品を創造するための、あるいはアートワールドの既存体制《エスタブリッシュメント》に盾突くための戦略になることはしばしばあった。そしてそれが「芸術」にパラダイムの変化をもたらしてきた[5]。

　わたしの関心は「芸術」それ自体にはない。わたしが関心を持っているのは、遊びの事例の一部、遊び心ある行為を行うというふるまいの一部が、どのようにして感性的な美しさに[*2]――記憶に残るだけでなく、世界の新しい見方を示してくれる経験に――つながるのかということだ。わたしは、遊びが持つ美しさについて考えたいのである[6]。

　遊びと美的なもののあいだには密接な関係があるということについては、すでに多くの考察がある[7]。そうした論者の大半は、もし遊びの美的経験があるのだとすれば、それはプレイヤーの活動とゲームの形式的な要素が交わるところに生じると考えているようだ[8]。遊びの美は、次々に移り行く活動としての遊びのうちに生じる。遊びは、遊びの環境に含まれるさまざまな要素のあいだを、物とプレイヤーのあいだを、あるいは当の文脈とそれを取り巻く文化のあいだを移行しながら美を生み出していく。たとえば、遊びの形式を流用して、何か物珍しいことや思いもよらないことをするという行為は美しい。あるいは、人間とシステムのあいだで交わされる機械化されたインタラクシヨンを完璧なかたちで行うこともまた美しい。わたしが探ろうとしている遊びの美的経験は、こうしたものである。

もちろん以上の考えは、遊びの美学のひとつのあり方だ。美学が美についての哲学的な探究だとすれば、ほかにも多くの妥当な遊びの美学があると言える。たとえば、さまざまな文化が混ざり合った大量生産の消費物としての遊びの美に注目する美学もあるかもしれないし、シミュレーション処理を得意とするプロシージャルな機械としての遊びの美に注目する美学もあるかもしれない[9]。

わたしの遊びの美学は、ニコラ・ブリオーの関係性の美学[10]、グラント・ケスターの対話の美学[11]、それに対するクレア・ビショップの批判[12]、パフォーマンスアートに関するアラン・カプローの議論[13]といった現代の美術理論に着想を得た非形式主義的な美学だ。これらの論者が示しているさまざまな観点をまとめて援用することで、遊びの美学理論をスケッチしやすくなるだろう。

根本的な問いから始めよう。なぜ遊びは美しいのか。トップアスリート——陸上選手であれ、サッカー選手であれ、『StarCraft』[*3]の名人であれ——のパフォーマンスを見るとき、わたしたちはある種の感覚で満たされる。それは、身体で感嘆する感覚、真理を知覚する感覚である。そして、そうした感覚を生み出すという点で、アスリートの行為を無心に眺めることには価値がある[14]。遊びには、美が詰め込まれている。〔観客によって〕観察される場合であれ、〔プレイヤーによって〕経験される場合であれ、遊びは、美のレンズを通した世界の見方を与えてくれるのだ[15]。

遊びの美が遊びの形式[*4]から生じることもあるだろう。たとえば、囲碁のルールが持つ形式的なエレガントさやサッカー競技場の広大さを見れば、それらのゲームの境界の内部で行為することがいかに面白いかを頭で理解できる。サッカーにおけるオフサイドのルールの美しさや『Call of Duty: Modern Warfare 2』におけるスポーンの位置の美しさ[*5]もまた、遊び道具がどのようにして形式的に美しいものになりえるかを示す例だ。それらが美しいのは、プレイヤーの行為を制約することで遊びを通した表現をうながすからである。たとえば、オフサイドのルールによって、攻撃側の選手は守備側の選手と絶えずダンスに似たインタラクションをせざるをえなくなる。そしてそのダンスが作り出す想像上のライン[*6]は、身体的な能力と精神的な能力の〔美しい〕結合によって乗りこえられる。もちろん、それは失敗することもある。そのような失敗を伴うダンスのうちにこそ、わたしたちがスポーツと呼ぶ制約されたパフォーマンスの美しさがあるのだ。

遊びの美には形式以上のものもある。たとえば、「勝利の美しさ」というものを想定することができる。圧倒的な大差で勝利したとか、最後の最後で劇的に点が入って予想外の結果に終わったとかだ。ラスト数分のゴール、軽業のようなスリーポイントシュート、ラストステージでのユニットが大挙して押し寄せることによる大逆転[*7]などはすべて、勝利には美しさがあるということを示唆している。(16) しかし、遊びの美には、スコアや結果、つまり数量的な事実以上のものがさらにある。

勝ち負けを伴う物やシステム〔つまり形式〕によって遊びの行為が意味づけられているようなケ

ースから離れて、別の方向で考えてみよう。わたしが以下で示したいのは、遊びの行為それ自体についての美学、より正確にいえば、ある文脈のなかでその文脈を流用して表現を行うという遊びの行為についての美学である。(17)

この意味での遊びの美学を示すための材料は、スポーツの世界だと比較的簡単に見つかる。とはいえ、ここではまずビデオゲームを取り上げたい。『GIRP』は、ロッククライミングをシミュレートするブラウザゲームだ。*8 このゲームでは、プレイヤーがつかむことのできる岩のそれぞれにキーボードのキーが割り当てられている。プレイヤーは、いまつかんでいる岩に割り当てられたキーを押したままにしつつ、同時に「手足を曲げる」ための特別なキーを使いながら、次につかみたい岩のキーを押さなければならない。『GIRP』は、内省的なマゾヒズムの気分に満ちた運動だ。そこでは、キーボードの物理的なキー配列および自分の指の柔軟さの限界とひたすら戦い続けることになる。これは美の源泉である。この虐待に近い苦痛な入力システムは、まさにロッククライミングという行為とその困難さを模倣している。そして、どこまで行ってもつらいにもかかわらず、わたしたちはそれにいじめられながらプレイを続けてしまうのだ。

『GIRP』は、二〇一一年に『Mega GIRP』というインスタレーション・ゲームとしてリミックスされた。『Mega GIRP』では、岩に対応するキーが〔キーボードのかわりに〕床に敷かれたダンスマットトコントローラ（それに乗って足踏みしたりダンスしたりすることが入力になるマット）に割り当てられた。[18] それによって、『GIRP』の難しさはより身体的なものに変わり、結果としてブラウザバージョンでは部分的に隠れていた美の要素が浮き彫りになった。つまり、そのゲームには適切なルートを見つけるという快があるだけでなく、そもそも身体的な快があることがはっきりしたのだ。ミュージシャンであれば、特定のやり方で楽器を演奏することである種の触覚的な気持ちよさが得られることを知っているだろう。ミュージシャンがそうするのと同じように、『GIRP』のプレイヤーは、リズムを——キーからキーへの動作が持つある種の美しさを——感じられるルートをしばしば好む。そして『Mega GIRP』は、『GIRP』をより身体的に美しいもの、より魅力的なプレイの光景、より素直に美的な作品にしているわけである。

遊びの美学と現代アートの第一のつながりはこの点にある。いま示した遊び観のもとでは、物は（重要ではあるとしても）遊びの文脈の一部でしかない。[19] 近年の美術理論のひとつである関係性の美学には、こうした遊び観といくらか似た点がある。関係性の美学とは、一九九〇年代半ばから後半にかけて、もっぱら物としての美術品に焦点をあわせる伝統的な見方に対して異議を申し立てた作品群〔のベースにある価値観[*9]〕のことだ。[20] 関係性の美学によれば、作品の美的・芸術的な価値は、〔物それ自体のうちにあるというよりも〕特定の人間関係を生み出す特別な社会的文脈を作り出すことにこそある。[21]

関係性の美学を体現するもっとも有名な作品は、リクリット・ティラヴァニの一九九二年のインスタレーション『Untitled (Free/Still)』だ。この作品では、作家がギャラリーに来た客に料理をふるまう。[22] ニコラ・ブリオー（Bourriaud 2002）によれば、この作品の美的経験は、作品それ自体の性質に由来するわけではないし、その作品が制作された〔美術史的な〕文脈からもたらされたわけでもない。むしろその美的経験は、この作品が難民問題やそれを取り巻く社会的な状況といった話題について、鑑賞者が意識的になって議論するための場を作り出しているというところから生まれている。こうしたケースでは、ある限られた文脈のなかで特定の活動を通じた人間関係が生まれるための場を作家が提供している。関係性の美学は、そのような作品のあり方を包括する考え方である。

明らかに、遊びの美の事例の一部は、関係性の美学の観点から説明できる。iPad向けの二人用ゲーム『Fingle』[23]を例にとろう。これは二人のプレイヤーがそれぞれ相手の手に触れることになるようにデザインされたパズルゲームだ。[*10]『Fingle』は、性的な雰囲気をうっすら漂わせ、プレイヤー同士でいちゃつくように暗に仕向けている。このゲームは、遊びの文脈を流用していちゃつく可能性を提供することで、美を作り出しているのだ。『Fingle』は、ある種の身ぶりをするためのゲーム、つまり恋人同士でいちゃつく際に生じがちな、さりげない（実際のところたいしてさりげなくない）手遊びをするためのゲームだ。その意味で、このゲームそのものはプレイヤーにとって二次的な関心事になる。というのも、当の〔いちゃつくという〕文脈とプレイヤー同士の関係のほうが、ゲームそのものよりも大事だからだ。『Fingle』のような現代のパーティーゲームは、社会的な文脈を流用するものではあるが、実質的にはそのゲームのほうが背景になる。つまりそれは、その文脈のなかで関心を引く遊びをする口実として機能するのである。[*11]

多くの民間《フォーク》ゲーム[*12]もまた、関係性の美学を体現するものとして理解できる。たとえば、1章で取り上げたニンジャというゲームが美しいものになるのは、それが公共の場で遊ばれ、その空間を遊び心あるかたちで流用することによって、その遊びに参加していない人々の日常生活を攪乱し、日常とは別の環境を新たに作り出すからである。[24] 同様に、遊び心のあるテクノロジーは、ある文脈におけるふだんのやりとりの流れを攪乱することによって会話のきっかけを作る、というかたちで美しいものになりえる。場合によっては、遊びを通じて遊び心あるテクノロジー自体の存在感が前面に出ることによって、その文脈に対する批判——物を使った批判——になることもある。つまり、わたしたちが無意識にしていることや当然だと思っていることが遊び心あるかたちで暴露され、その結果として会話の場が生まれるのだ。

モーリッツ・グライナー＝ペッターのPrecise Ambiguityプロジェクト[25]は、物のデザインのちょっとした変化が、それを使ったインタラクションの文脈と意味をどのように変えてしまうかをわかりやすく示している。たとえば『TICK』という作品は、コンピュータ画面上のマウスカーソルの動作に、くるんと回る動きを勝手に追加する装置だ。これは最初はユーザーをいらつかせるだけだが、仕事のあいまにちょっとした遊びが割り込む余地を与えるものにもなる。たとえば、くるりんという動きにじゃまされることで会話が発生し、仕事のあいまが遊びの美の場に変わるかもしれない。

とはいえ、関係性の美学には重大な問題がある。[26] 関係性の美学が主張するように、〔作品よりも〕美術作家と空間（たいていはギャラリー）が重要なのだとしよう。しかしそうだとすると、そこに参加する人々のコミュニティはそもそもどうやって作られるのかという問いが生じる。たしかに関係性の美学を体現する作品は、ある文脈のなかで人々の関係を生み出す。しかし、その文脈と関係は、あらかじめ定まった〔ギャラリーとしての〕空間の性格と、作家と鑑賞者の意識――創造者としての作家とその共犯者《コンプリシット》としての鑑賞者という意識――にいやおうなく左右されるはずである。

遊びやゲームであれば、おそらくこれは問題にならないだろう。遊びはどんなところでも生じうるし、どんな空間でも流用できるからだ。関係性の美学は、アート作品がどんな種類の経験を作り出すかを十分に説明できていない。とくに、アート作品がどのようにして美学や社会を変えるラディカルな実験になりえるのかという問題を扱っていない。[27] わたしたちに必要なのは、価値観や理想を通じてコミュニティがかたち作られるということに焦点をあわせた美学理論、つまり文脈やアート作品に〔人々の〕自己表現を結びつけるような美学理論である。次に紹介するグラント・ケスターの対話の美学は、遊びが価値観や理念のコミュニティの媒介物になるというケースを理解するのに役立つ理論である。[28]

対話の美学は、文脈に位置づけられたアート作品ではなく、文脈における対話という概念に焦点をあわせるものだ[29]。そこでは、たんに文脈の重要さが主張されるだけでなく、アート作品がある状況に埋め込まれることでどのように対話がうながされるのかということが論じられる。美的経験はつねに、新しい知識を――あるいは新しい世界の見方を――もたらしてきた。古典的な美学では、この仕事を担うのは物〔としての作品〕だとされてきた。それに対して、対話の美学では、芸術的な実践が自発的に新しい知識を作り出すことに取り組むとされる。つまり、新しい知識は、物を通してではなく、その場での対話が唐突に可能になるような文脈が成立することを通して作り出されるのである[30]。美的経験は、そのような対話において生じる。それは自分が発話することで得られる場合もあるし、人の話を聞くことで得られる場合もある。そこにあるのは、理念を表現したり受け入れたりする対話のために開かれた場である。

対話の美学を体現する事例は、虐待的なゲーム[31]にも見られるし、遊びの内と外の境界をあやふやにしようとするゲームにも見られる。ノルディック・ライブアクション・ロールプレイングゲーム[32]*13、そのなかでもとくにジープフォーム・ゲーム（jeepform games）[33]という実験的なタイプは、扱いが非常に難しい問題を、遊びを通して掘り下げることを試みている。たとえば「Fat Man Down」というルールでは、プレイヤーたちは一番太っているプレイヤーをいじめるというロールプレイをしなければならない[34]。しかし、ここでいじめられるのは、太った人をロールプレイするプレイヤーではなく、実際に体脂肪の多いプレイヤーである。このゲームは楽しんでプレイされることもあるかもしれないが、そのロールプレイは遊びの外側の行為とどうやっても関係してしまう。[*14] しかし同時にそれは、「心の痛み《ブリード》」[*15]と呼ばれる経験への道を開く。つまりそれによって、遊びの内部の行為からわたしたちの世界観へと、共感を伴ったかたちで経験と知識を伝達することが可能になるのだ。[35] ジープフォーム・ゲームは、遊びを使って文脈とコミュニティを流用し、〔心の痛みという〕極端な対話の経験を可能にする。そこでは、遊びによって〔世界の見方を変えるものとしての〕美的な経験がうながされるのである。

対話の美学は、参加者のあいだに生まれる対話を重視し、物の役割を軽視する。遊び道具は、その対話の状況の火付け役としてすらたいして重要ではない。というのも、美的経験は、参加者、作家、文化のあいだの相互関係のうちに生じるものだからだ。美的経験は、そうした相互関係の文脈のなかで、その関係の働きを通して生じる。遊びと対話の美学の相性がいい理由はまさにこの点にある。遊びもまた、新しい価値観や表現や知識を作り出すという目的を持って、ある状況を文脈ごと流用する。

この意味で、遊びの美学は、パフォーマンスの美学、とくにアラン・カプローの芸術観に近い。カプロー（Kaprow 2003）がまとめるところによると、芸術的な実践の要素として遊びを利用することには長い伝統がある。ダダやシュルレアリスムからフルクサスやシチュアシオニスムまで、二十世紀の芸術史は、十九世紀後半のモダニズム運動によって確立されたしきたりを遊び心によって流用し解体する歴史だった。シチュアシオニストやシュルレアリスト、ダダやフルクサスの芸術家たちは、遊びを通してあらゆる可能な権威を転覆した。そしてそこでは、自分たちの美的な理念を体現するものとしてゲームやおもちゃが利用された。

カプローは、この伝統にしたがうかたちで、遊びこそがハプニングの背後にある力だと述べている[36]。つまり遊びは、「芸術」の形式主義に対抗する手段である[37]と同時に、芸術を使って何ができるかを探る手段だというのである。カプローによれば、遊びはそれ自体で力を持つものだ。汚い言葉は、世界を破壊し、社会的な取り決めを台無しにし、事を荒立てる。カプローの遊び観の背後にあるのは、〔物事への主体的な〕参加とユーモアこそが重要だという理念、そして遊びを通じて行為するだけでさまざまな事柄の境界を破壊できることを実際に示してみせるという理念である。

『Desert Bus』[38]のような虐待的なゲームは、遊びを使って遊びのしきたりをその内側から攻撃するという点で、カプロー的なゲームだと言える。わたしたちは、ゴールが無意味であること、それを目指す過程がつまらないことをわかっていてもなお遊び続ける衝動に駆られてしまう。『Desert Bus』は、その事実についてあらためて考えさせるものだ。このゲームでは、最高速度が時速45マイルのバスを運転してツーソンからラスベガスまで行かなければならない。プログラム内の距離計算は正確に行われる。結果として、この移動には現実にそうするのと同じだけの時間がかかることになる。それは八時間の旅だが、その間ゲームをやめることはできない。ついでに、このバスは放っておくとちょっとずつ右方向にずれていくので、プレイヤーはつねにハンドル操作の入力を要求される。無事ラスベガスに着いたプレイヤーには、ご褒美として1ポイントが与えられる。『Desert Bus』には、勝ち負けと言うべきものがなく、またそのプレイの過程は耐え難いほど退屈である。結果としてこのゲームは、ゲームをプレイするという行為それ自体の姿をあらわにし、それについて深く考えさせるものになっている。『Desert Bus』のような虐待的なゲームは、ゲームに対抗するゲームである。それは、遊びの力を使ってゲームの形式が持つしきたりを流用し、それを転覆させる。そしてそこでは、〔ゲームという〕物の役割は軽んじられ、遊びの活動が重視される。『Desert Bus』をプレイすれば、遊びが決して〔勝ち負けのような〕結果に縛られたものではないということ、そして遊びが生じるのはパフォーマンスとそれによる自己表現という目的のためだということが理解できるだろう。『Desert Bus』は、ラスベガスに向かう八時間の旅のなかで、芸術と人生を融合させるゲームなのだ。

遊びが美的に興味深いものになるひとつのパターンは、遊びの快や満足を排除して苦痛な行動を押しつけてくるゲームであるにもかかわらず、それをプレイし続ける必要があるというようなケースである。たとえば、勝利するために理不尽な努力（『Desert Bus』とは別の意味で）をしなければならないゲームだ。[39] 虐待的なゲームデザインは、プレイヤーに快を与えて遊びを手助けしてくれるわけではない。そのかわりにそれは、プレイヤーが自発的にある種の「下品な」ふるまいをするように仕向けてくる。つまり、プレイヤーは、不愛想なもの――プレイヤーはそれを遊びたいにもかかわらず、遊ばれることを拒絶するゲーム[40]――に服従しなければならないのだ。『Desert Bus』をプレイすることもまた、楽しい遊びを拒否する不条理なゲームデザインに服従する必要があるという意味で、「下品な」ふるまいだと言える。美的経験は、このような虐待を通して生じる。[41]その経験は、物のおかげで生じるわけでもなければ、物を通して生じるわけでもない。その経験は、その物と遊ぶという行為のなかで、そしてその物となんとかして遊ぼうと奮闘するという自分自身の活動を〔反省的に〕理解することのなかで、生じるのである。

　遊びの美学には多くのあり方がある。この章では、そのうちの三つを示した。いずれも現代の美術理論に深く根を下ろした遊び観であり、また流用的で創造的なものとしての遊びという考えに合致している。それらは、遊びの美についての非形式主義的な見方である。つまり、美は物に依存するのではなく、人や文脈や文化を考慮に入れたふるまい・態度・活動に依存するという考え方だ。ある種のゲームやおもちゃの美的経験、あるいはそこから派生した実践の美的経験を理解するには、この考え方は最適ではないかもしれない。[42]とはいえ、どんな遊びの美学も、遊びをある種のパフォーマンスとして――その活動に対して形式が二次的になるようなパフォーマンスとして――理解しなければならないという点では変わらない。遊び道具そのものから得られる美的経験を別にすれば、遊びの美は美的な実践である。[43]

遊びの美的経験は、つねに遊びのパフォーマンス〔遊びが世界を乗っ取って、世界内存在のモードとして優勢になる際に起きていること〕に根差している。そして、遊びのパフォーマンスに目を向けるということは、そのパフォーマンスが作り出される文脈や方法——街角の即興遊びから大量集客のスポーツイベントまで——に目を向けるということでもある。遊びを美的な実践として理解するには、遊びの消費のあり方もまた重要である。遊びの美的経験は、そのパフォーマンスが行われる文脈や物理的な条件に依存しているからだ。

〔活動としての〕遊びについて考えようとすると、遊び道具や時代や文化、あるいはそのほか遊びの生態系を構成するあらゆる要素を無視してしまうおそれがある。わたしは、遊びの美を美的な実践として説明してきたが、パフォーマンスに視点を限定したいわけではない。むしろ、パフォーマンスを広い視点からとらえたいのだ。遊びの活動は、美的な実践としての遊びを考えるうえで、もっとも注目すべき重要な要素ではある。しかし、その活動を取り巻く状況や文脈、人々や目的、あるいは遊び道具が持つ物質性といった要素もまた、すべて〔美的な実践にとって〕重要な役割を果たしている。そうした遊びの諸要素が——互いに調和していようが不調和であろうが——ひとまとまりになり、それによって新しい視点で世界を理解できたり、それまで見えていなかった物事が見えるようになるとき、遊びは美しいものになる。そして美は、遊びを通して世界におけるわたしたちの存在を乗っ取って満たしてしまうのだ。

Chapter 6

政治

Politics

トミー・スミス、ジェシー・オーウェンズ、ディエゴ・アルマンド・マラドーナ、マルチナ・ナブラチロワ。これらのアスリートはみな、スポーツ選手としての役割をこえて、そのパフォーマンスに政治的な意味を与える存在だった。それはスミスのように意図的にそうしていた場合もあるし、マラドーナのように意図せざるかたちでそうなった場合もある。(1)

マラドーナの歴史的なピークは、一九八六年のワールドカップ・メキシコ大会、対イングランド戦での二点目のゴールである。(2) この「世紀のゴール」と言われる得点において、マラドーナは、中盤でボールを受け取るとピッチ上を駆け出し、イングランドチームの半数の選手をドリブルで抜き去ってゴールを決めた。フォークランド諸島でイングランドがアルゼンチンに屈辱を与えたのと同じように、[3]このスラム出身のアルゼンチン人はイングランドに屈辱を与えたわけである。

もちろん、わたしはここでサッカーのゴールのうちに政治を読み込んでいる。実際、現代のグローバルな興行の世界では、スポーツを通した遊びがかつてとは比較にならないほどの政治的な影響力を持つようになっている。現代の遊び観では、そうした活動は、社会における人々のあり方やアイデンティティを規定する役割を持つとされる。テオドール・アドルノのような批判的[*1]な論者ですら、スポーツが疎外[*2]の主要な源泉だと考え、[4]遊びが社会的・政治的な意味合いを持つことを認めていた。[5]とはいえ、なぜわたしたちはそれほど頻繁に遊びと政治を結びつけようとするのか。

遊びそのものの性格から考えよう。これまで述べてきたように、遊びには二つの重要な特性がある。流用的な特性と、その結果として生じる創造的な特性である。遊びは、文脈を乗っ取ろうとするときに、創造的な特性を発揮する。同様に、遊び心の態度は、創造的なやり方で〔すでにそこで行われている〕活動を乗っ取る（もちろん、その活動の目的を変えずに維持しつつ、乗っ取る場合もある）。さらに、遊びによる流用がもたらすのは、〔ただの創造性ではなく〕カーニバル的な創造性である。結果として生じるのは、当の流用される文脈に対する批判的な態度かもしれないし、まさにカーニバル的なものとしての遊びの活動そのものかもしれないし、遊び心に満ちた活動かもしれない。これらの遊びの特性を踏まえれば、次のように考えるのはごく自然だろう。遊びは、政治的な目的で使えるものである。それは、政治的な思想を表現するためのツールとして利用できるものだ、と。

遊びが批判的な性格を持つという考えは、これまで広く探究されてきた。たとえば、ラテンアメリカの思想には、遊びを通した批判的政治という考え方が以前からある。[6] この考え方は、個人および個人と権力・生産手段の関係についてのマルクス主義的な理解と結びついている。[7] アウグスト・ボアールやパウロ・フレイレといった論者によれば、遊びは、人間を解放する批判的な力、人間の自由の究極の可能性を探るために使える力である。[8] ノルディック・ライブアクション・ロールプレイングゲーム（LARP）[9] にも、同様の考え方が見てとれる。LARPでは、ほかの種類のゲームがまったく掘り下げてこなかったようなディストピアをテーマにしたシナリオ[10] や、かなり政治的な場面を扱ったシナリオ[11] を使ったプレイが行われている。その場しのぎの強制収容所を作るゲームから、一九五〇年代の古き良き時代の黄昏をテーマにしたゲームまで、LARPは国家レベルや個人レベルでの政治を扱い、政治的な意味を掘り下げるために遊びを利用してきた。

政治的なアートの文脈でもまた、遊びは大きな影響力を発揮してきた。たとえば、ギー・ドゥボールのシチュアシオニスム、[12] その現代版である『Adbusters』[13]（カナダの反消費主義的な雑誌）、ダダのアナーキズム[14]（これは最初はアートワールドを標的にしたものだったが、ほどなく社会一般に向けた批判になった）、フルクサスのユーモラスで多少素朴な政治観[15] などである。これらはすべて、美的な表現がいかに遊びの流用的な特性を通して政治に関わってきたかを示している。

最近では、「政治的なゲーム」という言葉が、いま挙げたような創造的で共同体主義的[*3]な表現活動とは別のものを指すのに使われているようだ。実際「ポリティカル・ビデオゲーム」という言い方は、Flashのような一般的なプラットフォームを使ってPC用に開発された、ある種のシングルプレイのビデオゲーム――主題は政治的だが、そのゲームプレイは古くて陳腐でありきたりなものの焼き直しでしかないようなビデオゲーム――を意味することが多い。そうしたゲームは、見た目は政治的なテーマでカモフラージュされてはいるが、中身は『スペースインベーダー』や『Tetris』のような古めかしいメカニクスである。[16] この手の「政治的」なゲームは、その時々の政治的な話題を取り上げているだけのただの（シングルプレイの）ゲームであり、次々に作られてはすぐに公共の場から消えていく。

さらに言えば、現代のゲームデザインが支持しているこの手のトレンドに対して、次のような批判もできるだろう。そのような「政治的」なゲームは、政治の所在について何もわかっていない。政治はゲームのうちにあるのではない、遊びのうちにあるのだ、と。もちろん、ほかのあらゆる物や道具やテクノロジーと同じく、ゲームも政治的なものになりえる。しかし、そうした事物が実際に政治的な効果を発揮するのは、わたしたちがそれを占有するとき、つまり、それが政治的な表現の道具として使われるときである。ゲームやおもちゃは、それ自体としては口先だけの議論――ただのプロパガンダとは言わないまでも、せいぜいのところ政治的な物言い――にすぎない。政治が実際に生じるのは、遊びが政治的な行為になるときである。[17]

遊ぶことは、表現する生き物という人間の特性を発動させることだ。そしてそこには、政治をする生き物という側面も含まれている。わたしたちはいろいろなやり方で政治思想を表現する。たとえば、投票や愛、文筆活動や労働、奉仕活動や価値観を通して、政治思想を表現する。そしてそれらと同じように、遊びを通して政治思想を表現することもある。

ゲームが〔それ自体として〕政治的である場合はある。（同じく、食器洗い機が政治的である場合もある。たとえば、ある食器洗い機がどれくらい多くの電力を消費しているかというのも政治的な事柄だ。）しかし、ゲームが政治的だからと言って、それを使った遊びが必ずしも政治的になるわけではない。[*4] 政治的な遊びは、批判的・個人的・創造的なかたちで生じるものである。実際、〔先に述べたような〕現代の政治的なゲームのなかには、そもそも遊びがないものもあるだろう。たとえば、たんにそれを操作して〔政治的な〕メッセージを表示させるというだけのゲームなどだ。この種のゲームをすることは、創造的・流用的な活動とは言えない。むしろそれは、ある種の権力構造を通じて、あらかじめ決められた目的に向かって誘導される活動である。そうしたゲームをすることは、〔そこで表現されている政治的な考えを〕主張（affirm）することではなく、確認（reaffirm）することでしかない。

政治的な遊びが生じるのは、遊び道具が表現的・創造的・流用的・転覆的な遊びの力を活かし、それを使って政治的な表現をするときである。[*5] 政治的な遊びは、形式と流用と文脈の相互作用だ。

それは、遊びを通じて政治思想がしなやかに表現され、実行されることである。

以上の理論を実例に即して考えよう。二〇〇九年から二〇一二年のあいだに、世界各地で大衆抗議行動——アラブの春やオキュパイ運動——が起きた。暴動やデモはある種の政治的な表現である。既存体制の権力はしばしばそれに脅威を感じて対処し、場合によっては警察が出動する。二〇〇九年の後半から二〇一〇年にかけてイギリスの各地で起きた一連の抗議行動では、抗議者たちを抑え込むために警察がとった戦術「ケトリング」が有名になった[18]。ケトリングは、十分な数の機動隊員で抗議者の群れを取り囲んで、一定の範囲内に封じ込めてしまうというものである。それによって抗議者を逮捕しやすくなったり、大規模なデモ隊を統制しやすい小グループに分解できたりするというわけだ。ケトリングは必ずしも暴力的な戦術ではないが、機動隊の力を直接的に見せつけるものになっている。

さて、ケトリングは、これまでに作られた政治的ゲームのなかでもっとも興味深いもののひとつである「メタケトル」の着想源にもなった[19]。メタケトルのルールは単純だ。

1 「メタケトル」と叫んでゲームを始める。

2 何か動物の名前を叫んで自分のチームを新たに作るか、またはすでにできているチームのメンバーと腕を組むことでそのチームに参加する。

3　自チームのメンバーで他チームの人を完全に取り囲むと、その人は自チームのメンバーになる。
4　最後まで残った動物チームを作った人の勝ち。
5　警察が解放してくれるまで繰り返す。

メタケトルをプレイすることが意味を持つのは、プレイヤーがケトリングされているときだけである。このゲームは、特定の状況を流用し、それを遊び心をもってひっくり返すようにデザインされている。メタケトルはカーニバル的な遊びの最高の姿だ。それは遊びを通して状況を流用し、ばかばかしいものに変えてしまうわけだが、そのことは同時に、当の状況に対する政治的な解釈の表現にもなる。

形式の観点から見れば、そのゲームを政治的なものにしているのはそのルールだと言いたくなるかもしれない。しかし実際には、メタケトルが政治的になるのは、プレイヤーがケトリングされているときにプレイする場合だけだ。それ以外の状況でそれをプレイするのは、ほとんどその上っ面をなでることにしかならない。[*6]というのも、メタケトルには、それが政治的なステートメントとして機能するための文脈が必要だからだ。それは、「ケトリングという深刻な状況のなかで」ふざけた笑いとして暴発するように仕組まれた遊び心ある爆弾なのである。もちろん、「その状況でなくても」そのクレバーさを称賛することはできるし、それを政治に使える道具として記述することもできるだろう。しかし、そのゲームの政治的な効果が――つまり遊びを通した政治的な行為としての表現が――実際に生じるのは、ケトリングされている最中にそれをプレイするときだけである。そのとき、そしてそのときにだけ、遊びは、カーニバル的・攪乱的でかつ政治的でもある存在のモードになる。

　遊びを通した政治的な行為は、遊びが持つ逆説的な性格もうまく利用している。遊びは自己目的的なものである。それゆえ、メタケトルをプレイする目的は「メタケトルをプレイすること」それ自体だ――つまり政治活動ではない――と言い張れるだろう。しかし一方で、それを政治的な行為にしているのは、まさにその自己目的的な特性である。カーニバルがそうであるのと同じく、遊びは現実と独特の関係を持っている。それは一方では政治的な行為を可能にするものでありながら、もう一方では権力の支配から比較的免れているのだ。メタケトルを強制的にやめさせたとしても、そのゲームのプレイが政治的な行為だというメッセージを補強することになるだけである。そういうわけで、メタケトルのプレイが始まった時点で警察の負けなのだ。それはゲームに負けることであると同時に、道徳的な基盤を失うことでもある。政治的な行為としての遊びは、度を越した暴力で強制的にやめさせるか、あるいは無視するか、このどちらかしかない。そしてどちらにしても、遊びの政治的な狙いが達成される。

　メタケトルのようなタイプの政治的な遊びは、フルクサスやシチュアシオニスムのような芸術運動とユーモアの点でつながっている。[20] それらもまた、ユーモラスな遊びを使って政治的な見解や思想を広めていたからだ。[21] とはいえ、そうした芸術運動は、遊び心あるユーモアを重視するという点で政治的な遊びと同じではあるものの、いまだに「芸術家から受容者に」というコミュニケーションモデルにもとづいていた。[22] パフォーマンスアートは政治的な遊びの考え方により近いが、[23] 政治的な遊びは〔作家がいるパフォーマンスアートとはちがって〕必ずしも誰かに主導されない共同体主義的な活動である。遊びにおける政治的な意味は、遊びのコミュニティと、遊びによって互いに結びつけられた文脈・形式・状況から生じる。

　政治的な遊びの別の例として、ハクティヴィスト[*7]集団のアノニマスを取り上げよう。それはゲームを使った遊びの例というより、当のコミュニティで生まれたルールを使った遊びの例である。[24] アノニマスの歴史はかなり複雑だ。[25] それはインターネット画像掲示板の4chanで生まれた。4chanは、問題のない画像から違法ぎりぎりの画像まで、あらゆる種類の画像が名無し《アノニマス》のユーザーによってアップロードされるというサイトである。[26] この掲示板では、画像を加工したりくだらないキャプションをつけることから始まって、lulz[*8]の文化、つまり、シュールでダダ的で攻撃的で子どもじみたユーモアの文化が育ったが、[27] やがてその文化は政治的な方向性も持つようになった。4chanユーザーの一部がサイエントロジー教会にけんかを売ったのが[28] 最初だが、その後世界規模で4chanユーザーの集団が街頭に繰り出し、アクティヴィスト集団としてさまざまな問題に関する抗議活動を行った。[29]

サイエントロジー教会に対するアノニマスの攻撃が面白いのは、インターネット上の匿名性とアクティヴィズムが、そのまま実生活上の匿名性とアクティヴィズムにつながっているという点である。実生活に舞台が移ってもまだ、たとえば匿名性のようなインターネットの政治的な価値観の一部が維持されていたのだ。おかげで、アクティヴィストの実際の人数を把握するのは困難だった。またアノニマスは、価値観だけでなくインターネットのミームやジョークを現実に持ち込み、それまではインターネット上にしか存在していなかった表現で物理世界を乗っ取った。たとえばロンドンでは、サイエントロジー教会の本部が「リックロール」された。つまり、サイエントロジー教会の人々は、リック・アストリーのヒット曲『Never Gonna Give You Up』(30)が拡声器で再生されるのをむりやり何時間も聴かされたのである。*9

アノニマスが政治的な遊びをしていると言えるのは、まさに彼らがインターネット・ミームを物理世界に持ち込み、それを通じてさまざまな業界でカーニバル的な抗議行動を生み出したからだ。アノニマスは、その出自であるインターネット文化とのつながりを維持したまま政治的な行為を行ったが、それはインターネット・ミームとlulzの文化のレトリックを通じて現実世界を流用するためである。彼らは、政治的な立場を表現しつつ、同時に遊んでもいる――つまり、彼ら自身のコミュニティの内部で特定の意味を持った特定の行為を行っているのである。それはゲームというよりパフォーマンスアートに近い遊びだ。(31)生活に持ち込まれたインターネット・ミームは、状況に合わせて遊びを組み立てることを可能にする一種のおもちゃである。インターネット・ミームなしでは、アノニマスは遊べないだろう。もちろんそれなしでも政治的な抗議活動はできるが、それが同時に遊びになることはないのだ。

遊び心の例も出そう。政治的な遊び心の態度の一例は、アーティストのゴーダン・サヴィチッチとセレナ・サヴィッチが言うところの感じの悪い《アンプレザント》デザインの再流用である。[32]「感じの悪いデザイン」とは、物やインターフェイスによってユーザーを制約することで、特定の「望ましくない」活動――たとえば公園でのスケートボード――を難しくしたり、できなくしてしまっているデザインのことだ。この手のデザインは、遊び心ある政治的な流用によって〔感じのよいものに〕ひっくり返すことができる。たとえば、マイケル・ラコウィッツのParaSITEは、熱交換器から出る温風を利用して膨らむ〔ホームレス居住用の〕シェルターを作るというプロジェクトだ。[33] これはたんに公共空間を再利用しているだけではなく、資源の無駄づかいに注目させるとともに、都市のなかでホームレスが置かれている状況を浮き彫りにするものでもある。その意味で、このプロジェクトは、遊び心のある政治的・社会的なステートメントになっている。

以上で見てきた例は、どれもゆるくルールを利用するもの、つまり〔活動を意味づける〕フレームと文脈をやりくりするものだった。とはいえ、遊びや遊び心を通した政治的な行為のすべてがそのような方法をとるわけではない。〔ルールではなく〕コンピュータシステムのプロセスのうちに組み込まれた遊びや遊び心を通して政治的な行為が行われるという事例も想定できる。実際、遊びと遊び心のためのテクノロジーのなかには、それを文脈のうちに差し込むことで政治的な行為になるものがある。

クリティカル・エンジニアリング(34)は、テクノロジーそれ自体が持つ政治的な特性を利用するひとつの方法である。クリティカル・エンジニアリングの産物のひとつであるNewstweek(35)は、政治的な遊び心の模範的な例だろう。Newstweekは、デジタル媒体を通してニュースを消費することや、メッセージと情報の運び手《キャリア》としてのネットワークのあり方に対して、批判的に介入するものだ。これはハードウェアとソフトウェアを組み合わせた小さな装置で、公衆無線ネットワークに干渉するようにデザインされている(図6-1)。この装置が公衆無線ネットワークの圏内に置かれると、「そのネットワークを利用してアクセスした」主要なニュースサイトのヘッドラインが勝手に書き換えられてしまう。われわれはふだんネットワークと通信の中立性をある程度信頼しているわけだが、この装置のおかげでその信頼が損なわれてしまうのである。

Newstweekは、遊びを作り出す装置ではないし、おもちゃでもない。しかし、それが公共空間やネットワークやニュースサイトに対してとっている態度には、たしかに遊び心がある。それは文脈と状況を文字通り流用して、遊び心あるものに変えてしまう。そしてその流用は、わたしたちがふだんの生活を送るなかで頼っている前提や信念を露呈させるという意味で、政治的な行為である。

図6-1　Newstweekの装置（Credit: Julian Oliver and Danja Vasiliev）

Newstweekは、コンピュータやニュース系列や系列間の連携に対して、そしてわたしたちがそれらを信頼していることに対して、批判を投げかけるものなのだ。

Newstweekは、カーニバル的なプロジェクトでもある。それは公共の場に介入し、遊び心とテクノロジーを通して議論をふっかけるものだからだ。Newstweekは権力に対する大っぴらな批判だが、同時に重層的な風刺にもなっている。それは表面的には表示されるニュースサイトの個々のページについての風刺であり、より深いところではコンピュータネットワークについての風刺である。この装置は、コンピュータネットワークを批判しつつ、それをこけにしている（図6－2）。

図6-2　Newstweekの「宣伝」画像（Image credit: Julian Oliver and Danja Vasiliev）

Newstweekがオープンソースであることによって——つまり、誰でもそれを作って配置できるということによって——このカーニバル的なユーモアはさらに増大している。Newstweekは、どんな人でも受け入れるオープンで公共的な積極的関与《エンゲージメント》のための装置である。そしてそれは、〔ルールや文脈の操作によってではなく〕遊び心の自由さが具体化された批判的なテクノロジーによって成り立っている。

　Newstweekは政治的な行為を助長するという意図で公共の文脈を流用するものだが、同時にその流用は遊び心に満ちている。それゆえ、それを十分に深く味わうにはユーモアのセンスが求められる。Newstweekは、コンピュータネットワークを通したニュースの消費者（あるいは生産者）としてのわたしたちの立ち位置について、あらためて考えるように遊び心あるやり方で強制してくる。それはまた、無線接続の信頼性と中立性をわたしたちが疑っていないことに対する批判にもなっている。Newtweekを通して、わたしたちは政治的な思い込みを流用し、それに対して批判的に反省するのである。

そういうわけで、遊びが政治的なものであるのは、遊び道具や遊びの文脈が見るからに政治的――たんに政治的なテーマを扱っているケースであれ、社会的に政治的だと見なされるケースであれ――だからではない。また、社会問題に意識を向けた行為だから、あるいはアクティヴィズム的な行為だからというわけでもない。遊びが政治的なものであるのは、それが批判的なかたちで文脈に積極的に関与《エンゲージ》するからである。政治的な遊びは、文脈を流用し、遊びの自己目的的な特性を利用して、そこで行われる行為を両刃の意味を持つものに変える。つまり、そうした行為は、〔自己目的的な〕遊びの活動のなかで行われるものであると同時に政治的な意味を持つものに――それゆえ豊かな意味を背負ったものに――なるのである。

ピッチ上でイングランド人をドリブルで抜くことであれ、機動隊によってケトリングされてしまった抗議者たちをメタケトルに巻き込むことであれ、遊びには、遊びの活動を維持したまま、実際の効果を持つ政治的な意味をその活動に与えるという力がある。政治的な行為としての遊びが、〔ボアールの〕批判的演劇《クリティカル・シアター》のあり方に非常に近いのは当然のことだ。というのも、いずれの活動も、複数の境界、複数の意味のあいだを行き来できるという両義的な性格を持っているからである。そこでは、それ自体の目的を持った行為としての側面と、直接の政治的な行為としての側面が、継ぎ目なく織り合わせられている。

遊びの活動の主眼が、遊びの流用的な特性を利用して既存の体制や機関や権力をいかに創造的に転覆できるかという点にあるとき、政治的な遊びが生じる。つまり、遊びが政治的なものになるのは、当の文脈とそれに対する流用の相互作用によって、その状況に批判的なかたちで積極的に関与しつつ同時に遊びでもある活動が生じるときである。

政治的な行為としての遊びは、自己目的的な遊びと意味のある政治的な活動のあいまでどっちつかずの状態にあるという意味で、つねに両義的である。そして、まさにその相互作用——自己目的性と合目的性のあいだのダンス——によって、遊びは強力な政治道具になる。その両義性によってこそ、遊びでなければ流用が許されないような文脈を流用することができるのだ。政治的な遊びは、流用によって開けられた〔文脈の〕ほころびのなかで政治的な思想を表現することである。つまりそれは、文脈を遊び心をもって解釈し、それを通じて批判的な表現を行うことである。政治的な遊びは、遊びである。それゆえそれは、抑圧されているときであっても力強さを発揮できるものだ。それゆえまたそれは、個人的・集団的な表現を可能にし、誰も聞く耳を持たないときであっても声を上げ、行動を起こす手段を与えてくれるものでもある。

Chapter 7

デザインから建築へ

遊びの美は、しばしば統制と混沌の緊張関係のうちに生じる。ときには、遊びは進んで形式[*1]に身を委ね、形式の誘惑に引きずりこまれ、遊び道具によって流用される。ときには、遊びがそうした形式を流用し、それを破壊したり変形したりして「もてあそぶ」ことで快が生まれる。

「遊びの形式」とは何か。わたしはこの言い方で、おもちゃというよりゲームを指している。[(1)] おもちゃはふつう、ゲームよりももっと自由で型にはまらないものだ。わたしたちは、形式的な人工物に誘惑され、身を任せる。形式は、人に伝えて共有することができるものであり、整えて仕上げることができるものであり、そして修正して状況に適合させることができるものである。[(2)] たとえば、サッカーの形式は、国際サッカー連盟（ＦＩＦＡ）と欧州サッカー連盟（ＵＥＦＡ）が油断なく見張ることで維持されている。(3) 同様に、バスケットボールの形式は、NBAと国際バスケットボール連盟によって維持されている。スクラブル*2には無数のローカルルールがあるが、プロ競技が行われる場合には、競技スクラブルのあるべきかたちを定めた共通ルールが使われる。(4) このように、形式は、あるゲームを共有可能にする――そしてそれをデザインすることを可能にする――共通言語である。

形式は、わたしたちを誘惑し、それによって遊びのプロセスが始まるきっかけを作るものでもある。形式は、わたしたちに出発点を与えてくれる。遊びが始まるときには何かをベースにしなければならないが、形式――典型的にはゲームのルール――によって文脈を占拠することでそれが可能になるのだ。どんなスポーツであれ、審判が試合開始の合図をすると、世界が一変する。そしてその空間のなかで、プレイヤーと観戦者は、新しい現実を経験する。同様に、ビデオゲームをやり始めるとき、プログラム上で新しい処理の実行が始まり、コンピュータとそのリソースをバーチャルなやり方で乗っ取る。このように、流用は形式を通して始まる。言い換えれば、形式は、遊びが始まる起点になるのである。(5)

遊びは形式を通して生じる。そして、遊びは世界内存在のひとつのモードである。それゆえ、遊びの形式を作る行為の文化的な地位がいちじるしく高まってきたのは、自然な成り行きかもしれない。(6) インタラクションデザインであれ、パフォーマンスアートであれ、ゲームデザインであれ、遊びを作り出す(あるいは遊び心を引き出す)活動は、徐々に知的な仕事に変わりつつある。遊びの形式は、いまやわたしたちの文化に取りついている。もちろん、これはよろしくない傾向である。というのも、遊びにとって重要なのは、その形式ではなく、その活動あるいは態度だからだ。形式は、結局のところ、遊びそれ自体の一部として絶えず変化していくものだろう。重要なのは、遊びの形式ではなく、遊びを通して世界と──そして自分自身と──関係しあうプロセスである。

ゲームは、ある程度までは遊びの特権的な形式だと言える。ゲームは、遊びの自己目的的な特性が、わたしたちの文化のなかでもっとも目立ったかたちで具体化されたものだからだ(7)。パフォーマンスや儀式には、美的な目的や宗教的な目的がある。それに対して、ゲームはゲームでしかない。ゲームには、それ自体の目的しかないのだ。そういうわけで、遊びを理解しようとするとき、人はしばしばゲームに注目する。一方、本書がとるような遊びの生態系に注目するアプローチのもとでは、遊びの活動やそれに関わる態度であれ、遊びのテクノロジーや文脈であれ、すべて同等に扱われる。わたしは、遊びを理解するうえでそのうちのどれかをひいきすることはない。このような遊び観のもとでは、ゲームは遊びのあらわれのひとつでしかない。

とはいえ、今世紀に入ってからゲームが非常に豊かな文化を作り出しているのもまた事実だ(8)。ビデオゲームの盛り上がりのおかげで、ほかにも多くの新しい動きがあることが目立たなくなって(9)はいるものの、現代の文化には、スポーツやボードゲーム、さらには素人の出演者が争うリアリティ番組まで、多くの種類のゲームがある。そしてそのことは、わたしたちの文化における遊びの重要さを示す証拠になっている。まさにこうした現代の娯楽経済におけるビデオゲームの隆盛や、ゲーム全般に対する関心の急激な高まりのおかげで、遊びの形式としてのゲームの文化的な地位が向上してきたわけである。

多くの研究者やゲームデザイナーが、ゲームこそが二十一世紀を支配する美的形式になり、いま映画やテレビや文学が占めている文化の中心としての地位を奪うだろうと主張している。この手の議論は、〔ゲームというよりも〕遊びに関心を持つわたしたちにとっても興味深い。というのも、ゲームはまさに遊びの形式的なあらわれだからだ。その手の議論からは、さらに興味深い帰結も出てくる。つまり、そのような考えからすると、実践としてのゲームデザインの重要性が今後増していけば、その結果として現代の娯楽文化におけるゲームの作り手の役割の重要性もまた増すということになるのである。

遊びは、世界を理解するということ、そして世界のうちに存在するということが、力強いかたちであらわれた姿である。それは、わたしたちが自分自身になり、自分自身を知り、自分自身を表現する方法、つまり本来的な深い意味での人間としてある方法である。もちろん遊びは、わたしたちがともに遊ぶ相手である文化や物質の世界から切り離されたものではない。文化や物質もまた、それ自身で遊んでいる。そしてゲームは、形式を通じて遊びと交信する特権的な手段である。それゆえ、ゲームを作ることは、重要な社会活動になるはずである。このように、ゲームデザインに対しては、学術的な関心や商業的な関心だけでなく、ゲームの作り手を文化産業の重要な一員として正当に位置づけるという文化的な関心もまたある。

そのようにゲームの作り手の地位を持ち上げる考えの背後にはさまざまな理屈があるだろうが、ここで注目したいのはそのうちのひとつである。わたしたちの社会は、合理主義的、ポスト啓蒙主義的[*3]、後期ロマン主義的な社会である。つまり、機械工的な創造性と人間的な表現性の両方を発揮し、理解することができる人々に、わたしたちは特権を与える。[10] ゲームデザイナーは、人間がいかにして遊びを楽しむかを理解したうえで、必要な素材を使いこなして、思い通りの遊びを生み出せる人物だとされる。ゲームデザイナーは、ロマン主義的な作者、つまり、わたしたちが直感的にしかアクセスできない事柄について理解し、そうした経験を物として作り出すことができる創作者である。ゲームデザインの技法とは、遊びを創造する技法にほかならない。まさにこの見識者《エンライテンド》としての属性——意図した目的に沿って遊びを手なずけ、統制し、誘導し、生み出す能力——のおかげで、ゲームデザイナーは文化的に尊敬の対象になる、という理屈である。

しかし、ゲームデザインについてのこの考え方は、創造的な力としての遊びに必ずしも適合するわけではない。遊びは、ときには危険なものになることもあるし、過剰な存在と表現の手段に——つまり〔作り手だけではなく〕遊び手自身の存在と表現の手段に——なることもある。遊びは〔ただの使用ではなく〕流用なのであり、それゆえ遊びとその形式の関係は複雑である。形式は、ある程度までは遊びをカプセル化し、かたちを整え、方向性を決める。しかし、同時に形式は、遊びに惑わされ、流用されるものでもある。このような遊び観のもとでは、ゲームデザインはどのようなものとして理解できるのだろうか。あるいは、そのような意味での遊びの特権的な形式は、どのようにして作ることができるのだろうか。

この問いに答えるまえに、現代において、実践としてのゲームデザインがどのようなものとして理解されているのか、そしてそれが遊びとどう関係しているのかを手短にまとめておこう。先に述べたように、ゲームと遊びの文化はますます豊かになってきているが、そうした状況のなかで、ゲームデザインは、もっとも急成長しているデザイン分野のひとつと見なされている。[11]

ゲームデザインの文献でよくあるのは、ゲームとシステムデザインの関係に注目する議論だ。そこでは、プレイヤーを取り込みつつ〔作り手の〕発想を表現するようなシステムを作るにはどう工夫すべきかが主に論じられる。[12] ゲームが表現力を持つのは、その形式的なデザインのおかげである。なぜなら、ゲームはシステムを通して意味を伝えるものだからだ、というわけだ。そうした議論が取り上げるのは、遊びをカプセル化し、整理し、組み立てる——その結果として、ある程度まで遊びを確定させる——システムとしてのゲームの形式である。

この考えにしたがえば、意味はシステムのうちに埋め込まれていることになる。そしてプレイヤーは、そのシステムとやりとりしてそこに埋め込まれた意味を見つけるという、いくらか創造的な主体の役割を与えられる。ゲームを使った形式的な遊びは、流用を通してというよりは、システムを通して何かを知る方法である。

わたしは、ゲームデザインについてのこうした考えには同意しない。たしかに、ゲームはその大部分がシステムだ。そして、ゲームの文化的な発展にコンピュータが貢献してきた理由は、まさにその点にある。これは否定しない。しかし、システム中心のデザイン思考――ゲームはシステムであるからこそ重要だという考え――は、そうしたシステムが実際に〔プレイヤーによって〕経験されるあり方とかけ離れている。ゲームシステムには、〔プレイヤーが経験する〕意味を部分的にしか埋め込むことができない。というのも、遊びの意味は、ある種の活動――文脈に依存し、流用的、創造的、攪乱的で、深い意味で個人的な活動――を通じて作り出されるものだからである。ゲームはその活動のための道具である。ゲームが重要なのは、その活動に焦点をあわせるものだからであって、それ自体のうちに意味があるからでも、それが決まった意味を引き出すからでもない。たしかにゲームは、遊びの特権的な形式であるという点で重要ではある。しかし、ゲームは〔遊びそのものではなく〕遊びの形式でしかない。

ゲームはどのようにデザインすべきか。どうすればそのプロセスを遊びの本性に順応させることができるのか。これをあらためて考えなおすには、デザイン理論とデザイン研究に立ち戻って、デザインの本性とは何か、それはどのようにして遊びの本性に適合するのかを理解する必要がある。

さて、デザインとは何か。この一見シンプルな問いは、何十年ものあいだデザイン研究のなかで問われ続けてきた。[13] もちろん、ここでその議論に参加するつもりはない。ここでは簡単な答えで済ませておこう。デザインとは、人工的なものについての科学、つまり、何か具体的な使い道のために新しい技術的な事物を世界のうちに作り出すことに主眼を置いた研究分野《ディシプリン》である。デザインは、世界のなかで新しい事物を創造することに関わっている。またそれは、知識のあり方のひとつでもある。[14] 自然科学が自然界を理解するためのものであり、人文学と社会科学が人々を説明するためのものだとすると、デザインは人工物を理解するためのものである。あるいはより正確にいえば、デザインは、人工物の物質性を世界と接合させる方法である。デザイナーは、物の物質性についての知識を持つ必要があるし、目的に合わせたかたちで素材を変形したり操作したりする方法に精通する必要もある。しかし、それだけでなく、デザイナーには人間についての知識も必要である。人はどのように物とやりとりするのか。人は、デザインされた物のうちにあらかじめ仕込まれた未来の事態とどのように関係するのか。そして人はどのように感じるのか。デザイナーは、こうしたことも知っていなければならない。

デザインすることとは、どのようにすれば素材がニーズを満たす物に——あるいはニーズを促進し、場合によっては新たなニーズを作り出す物に——変えることができるのかを知ることである。あるいは、デザインすることとは、世界に新しい物をもたらすことである。そうした物は、たんに空間を占めるだけでなく、何かの目的を実現するために使われたり、それ自体で意味を持っていたりする。あるいは、デザインすることは、さまざまな使い道やさまざまな素材を理解しながら、意味のある使い道のために意味のある物を作り出すことである。[15]

デザインは、政治的・美的・倫理的な活動でもある。[16] 新しい物を世界にもたらすという行為は、必然的に政治的な行為として問われることになる。というのも、それは世界におけるわたしたちのあり方に介入することだからだ。わたしたちは、物を通して世界や他人と関わる。そして、物によるそうした媒介のあり方次第では、〔その物を作る〕デザインの活動が政治的あるいは倫理的な活動として理解されることになる。

デザインは、さらに美的な活動でもある。というのも、それによって機能が形式に変換され、物として世界のうちに具体化されるからである。[17] どんな物とのインタラクションであれ、それが純粋なインタラクション以外の目的を持つことがある。たとえばそれは、美しさだったり、気持ちのよさだったり、充実した経験だったりする。デザインは必ずしも美しい物を作ることに主眼があるわけではないが、デザインにおける形式の役割は、世界との関わり方の一種としてのデザインの特異性を理解するうえで決定的に重要である。

世界〔の見方〕それ自体もまた、デザインのうちに含まれている必要がある。先に述べたように、デザインをするには、素材の物質性を理解するだけでなく、その素材が配置される文脈や、その文脈が意味と目的にどう影響するのかといったことも理解しなければならない。デザインされた物とその文脈の関係は、侵略と抵抗の関係である。つまり、デザインされた物は、ある行為に注意を向けさせ、それをうながそうとするわけだが、それと同時に、その行為が起きるのを妨げる〔文脈の〕抵抗を排除しようとするのだ。(18)*4

このように、デザインは物質性と人に関わるが、さらに創造・生産・消費・流通の経済や政治や美意識にも関わる。デザインとは、人々のために物を——消費・購入・入手・伝達・享受・我慢・改造される物を——作る方法を理解することである。

以上のデザイン観からすると、ゲームデザインとは何だと言えるだろうか。従来、ゲームデザインは、エモーショナル・デザインの一種として分類されてきた。(19) つまり、ゲームデザインは、人工的な障害物を作ることで遊びによる感情を高めることだと考えられてきた。(20) しかしわたしは、感情の喚起とは別の観点からゲームデザインについて考えたい。問いはこうだ。流用的で創造的で攪乱的な遊びをそのなかに組み込み、それを可能にし、うながすようなゲームは、どうすれば作れるのか。〔言い換えれば、そのような性格を持った遊びをどうやってデザインできるのか。〕

ゲームと意味の話に戻ろう。ゲームデザインやゲームスタディーズにおいて、多くの研究者が次のように主張してきた。ゲームは、そのルールとそれが伝えようとしている意味とが密接に結びついているがゆえに、意味を生み出す。あるゲームが魅力あるもの、意味のあるもの、アクティヴィズム的なもの、重要なものになるのは、まさにその形式〔つまりルール〕が存在することでそうした属性が裏づけられるからである。ゲームは遊びに厳密な形式を与える。そして、その形式は誰かによってデザインされたものだ。それゆえ、ゲームは意味を生み出すことができる、というわけである。

このように、わたしたちはいまだに、作者、媒体、コミュニケーション、伝達の経路といったとらえ方をする。たしかに、遊びが、文脈や文化やプレイヤーによる流用を相手にせず、もっぱらゲームのルールによって作り出されガイドされるだけの保護された活動であるという考えを受け入れるかぎりは、そうしたとらえ方は解釈の枠組みとして妥当だろう。そして、そうしたもっともらしい遊び観は、ゲームが形式的なシステムであるというこれまたもっともらしい考えと密接に結びついている。

しかし、遊びの生態系の観点から見ると、遊びの活動とそれに使う物は、ゆるやかにつながっているにすぎない。もちろん、ゲームのルールをぬきにしてそのゲームの遊びを理解することはできないが、ルールと遊びは〔前者が後者を規定するのではなく〕互いに引き合ったり反発しあったりという運動を絶え間なく続ける関係にある。どちらも絶えずもう一方に再定義され、もう一方と折り合いをつけ、もう一方に適合し、もう一方に拒絶される。そして、遊びが持つ美や価値や政治性は、まさしくプレイヤーがそうしたゆるいつながりをほどくところに宿る。言い換えれば、それらは、プレイヤーがルールと行為のあいだにある両義的な空間に積極的に関与し、時間とともに展開する自分の経験に絶えず意味を与えていくことで生まれるのだ。ルール、システム、文脈、好み、流用、従属。遊びの活動は、こうした事柄が入り交じるどっちつかずの空間と駆け引き《ネゴシエート》することである。

　そういうわけで、この種の遊びに対してどんなデザインが可能なのか。遊びをデザインすることは、システムというより設定を、世界というより舞台を、パズルというより模型を作ることだ。そこで作られる形式は、柔軟で広がりのあるものでなければならない。つまり、プレイヤーがそれ自体の一部を流用し、表現し、それとやりとりし、それを実行し、加工し、そしてその一部になる、そうしたことを可能にするような形式を作らなければならない。

　ゲームデザインは、ときおり建築になぞらえられてきた。建築もゲームも、ユーザーに行動のきっかけを与えるものでありつつ、ユーザーが自由に行動してもかまわないような場の設定であるというわけだ。この類比を維持するには、つまりゲームはその根本において建築的だと言うには、〔形式に内在する〕「意味」という発想を捨てて、かわりに遊びのネットワークのすべての要素が参加し相互作用する協働的なプロセスに注意を向ける必要がある。そこでは誰も、意味、秩序、重要性、行為を決めつけたりせず、諸要素、デザイナー、プレイヤーのすべてが遊びと駆け引きする。デザイナーは、たんに舞台を用意する人でしかない。デザイナーは、自分が作った（あるいはどこかから見つけてきた）形式を通して〔プレイヤーや遊びの諸要素といった〕他者を遊びに誘うだけなのだ。デザイナーの役割は、物を通じて意図的に遊びへのゲートを開くことである。

ゲームデザイナーは、文脈以外のものを提供しようとすべきではない。ゲームデザイナーは、ファシリテーターであり触媒だが、自分が作り出した形式の所有者では決してない。遊びの形式は、それと関わりあう人――つまり遊ぶ人――にのみ属するものだからだ。ゲームデザイナーは作者ではない。小道具主任《プロップ・マスター》や舞台監督と同じく、ゲームデザイナーは、物を選び、それを世界のなかに配置することで、それ自体に語らせ、さらにそれについて人々が語るように仕向ける。そうした小道具としての物は、流用に抵抗するだけでなく、流用をうながし、組み立てるものでもある。その意味で、それは遊びの一部である。

わたしには、ゲームデザイナーという概念自体にそもそも問題があるように思える。その概念は作者性を含意する。つまりそれは、〔作り手から受け手へという〕特定のコミュニケーションのあり方を暗に特権化し、〔特定の解釈を正当化する〕権威や照会先を言外に認めているのだ。一方で、遊びは、流用や〔遊び手自身による〕創造が生じ、境界が絶えず変化する駆け引きの場である。ゲームデザイナーは、形式がそのプロセスを開始するためのお膳立てをする。そうすると、そのネットワークのあらゆるほかの要素がその形式を乗っ取るために動き出す。結果として、創造的で表現的な活動としての遊びが始まるのである。

そういうわけで、「デザイン」は、遊びの活動の形式を作る技法を理解するための語として不適切だと思われる。もったいぶった物言いになることを承知のうえで、わたしは愚かにも別の言い方を提案したい。もはや「ゲームデザイナー」などと言うべきではない。それによって生み出されるものが「ゲーム」ではないなら、そのような言葉づかいは葬り去っても問題ない。その目的と活動と焦点が、ゲームを生み出すことにではなく人を遊ばせることにあるのなら、〔「ゲームデザイナー」ではなく〕「遊びの建築家《アーキテクト》」を名乗るべきである。文字通りの建築家と同じように、遊びの建築家の仕事は文脈を作ることだけだ。そして建築家と同じように、遊びの建築家は、自分が丹念に作り上げたものを他者がどんなふうに流用しても甘んじて受け入れる。遊びの建築家は、人々が自分自身を探求し表現するための場と、それをするのに適した小道具を提供する。遊びの建築家は、人々に遊びをさせるのである。

ゲームデザインは死んだ。これからは遊びの建築の時代である。[*5]

Chapter 8

コンピュータ時代の遊び

Play in the Era of Computing Machinery

　コンピュータは、これまで何をもたらしてきたのか。それは、医療、セキュリティ、商取引、輸送、教育の発展を手助けし、以前には想像できなかったような富と繁栄の時代を先導してきたとは言えるだろう。しかし、それら以外にコンピュータはわたしたちに何をもたらしてきたのか。

　もちろん、コンピュータは、デジタルなおもちゃやビデオゲームの根幹にある要素だ。それによって、現代の先進社会に生きる人々は、仕事以外の時間にいつでも楽しむことができる。コンピュータはまた、〔あらかじめ決められた命令に従うだけでなく〕環境を感知・解釈し、環境とやりとりする機械にもなっている。結果としてそれは、おもちゃや仕事道具が遊び心あるものになる可能性を広げている。そういうわけで、コンピュータは――社会のさまざまな領域に変革をもたらしたのと同じように——遊びに変革をもたらした。とはいえ、そのことは、本書が論じている遊びの生態系にとってどんな意味を持つのだろうか。電算処理《コンピューテーション》*1と遊びのあいだにはどんな関係があるのだろうか。

まず、コンピュータにできることが何なのかをはっきりさせておこう。わたしたちは、コンピュータに魔法の力を見いだして、それを「ただの」技術以上の文化的な主体として扱う傾向にある。しかし実際には、コンピュータは比較的単純な機械だ。それはごくわずかなことしかできないが、そのわずかなことをとてもうまくこなす機械である。突き詰めると、コンピュータには、遊びに関連するかぎりで次の四つの長所がある。

①コンピュータは、高速かつ正確に計算を実行できる。この能力は、ロケット工学から医療現場まで、さまざまな場面で役立つものだ。またこの計算能力によって、複雑なシステム——たとえば、整然とした物理法則を持つ世界——のリアルタイム・シミュレーションを作ることが可能になる。さらにまた、その高速な計算能力のおかげで、複雑な入力に対して即座に反応することが可能になる。たとえば、『Johan Sebastian Joust』では、そこで使われる複数の機械（ふつうのコンピュータとPlayStation Moveコントローラに組み込まれたコンピュータ）が、加速度計から得られるさまざまなデータを高速で計算し、挑戦課題を効果的に作り出して、そのゲームを面白いものにしている。アナ

ログの道具を使って似たような遊びの経験を作り出すこともできるだろうが(1)、『Joust』はコンピュータの能力を使うことで独特の美的経験——動作と音楽に反応する光の灯った杖《ワンド》を手に持つという魔法のような感覚——を生み出している。『Joust』では、電算処理が遊びの美を強化しているわけである。

②コンピュータは、大量のデータを保持し、同時にそうしたデータに非常に高速にアクセスできる。この能力によって、コンピュータは外部化された記憶装置として機能し、それゆえまた、グラフィックやサウンドや電算処理された挙動によって世界の全体を作ることができる。スポーツ好きの人であれば、現代の中継放送が提供するデータの即時性によって、テレビでスポーツを見るという経験が根本的に変わったと感じているだろう。競技場で見知らぬ人と一体になるという儀式的な経験に勝るものはないだろうが、それでも現代のスポーツ放送には、当のスポーツに関するネットワーク化された深い知見を提供してくれるという別のよさがある。そうした知見は、わたしたちが試合を見る際に、そこで行われるプレイを文脈のうちに位置づけ、説明し、場合によっては予測する。スポーツの観戦は、本質的に「いま・ここ」の出来事を見るということから、時間的にも空間的にも重層化された全体像を見るということへと移り変わっている。そうした全体像のなかでは、いま行われているプレイであっても、過去と未来の文脈のなかに位置づけられることになる。

③コンピュータは、その環境を感知してアナログの入力を計算可能なデジタルデータに変換するようにプログラムされた一連のセンサーを備えている。たとえば、わたしがいまこの章を書くのに使っているコンピュータには、高解像度カメラ、マイク、加速度計といったセンサーがついている。それは見る、聞く、動きを感じる、といったことができるわけだ。そしてそれは、そうやって集めたデータを計算して処理することができる。同じように、最近のスマートフォンの大半は自身の地理的な位置を把握しているし、ほかのスマートフォンが近くにあることを検知できるものもある。遊び、とりわけおもちゃは、こうしたコンピュータの感覚能力から大きな恩恵を受けている。たとえば、おもちゃアプリの『Balloonimals』は、加速度計、タッチパネル、マイクといった入力装置を利用して、風船遊びをシミュレートしている。タッチ入力や〔端末の物理的な〕動きによる入力が可能であるおかげで、ユーザーがバーチャルな風船を「ふくらませたり」、それで「形を作ったり」して動物の姿にする遊びができるようになる。(2)『Balloonimals』は、スマートフォンに搭載されたセンサーを利用することで、風船で形を作るという創造的な活動を再現しているわけだ。同様に『のびのびBOY』は、スマートフォンのセンサーを遊び心あるやり方で流用して、それらのセンサーを通じて世界とやりとりするという〔ふだんの〕行為を、遊び心ある出来事に変える。たとえばそれは、スマートフォンで写真を撮るという行為を、そのアプリのふざけたデジタル世界の一部

にしてしまう。

④ふつう、ひとつのコンピュータは、多数のコンピュータからなる大きなネットワークの一部である。そして、このネットワークは、いま挙げた三つの機能をさらに指数関数的に高めるのに寄与する。たとえば、Newstweekは、ネットワーク化されたコンピュータ群が持つ力を遊び心あるやり方で流用し、わたしたちがオンラインメディアに抱いている信頼をからかっているわけだが、この遊びの一部は、当のネットワークそのものを使って——つまり、互いにつながった多数のコンピュータと、それらのあいだにすでに確立されている関係を利用して——生み出されている。ひとつのコンピュータが孤立していることはめったにない。複数のコンピュータのあいだには、つねにデータのやりとりがある。そして、そうしたやりとりは、わたしたちがふだんほとんど気づいていないようなひとつの場を作り上げている。そうした〔ほとんど見えない〕コンピュータ間のネットワークもまた、わたしたちのネットワークに、つまりわたしたちが遊ぶための空間になりえる。

そういうわけで、コンピュータは、アナログの環境を自身が扱えるデジタルデータに変換して処理することができる高速かつ有能な計算機械である。(3) そしてそれは、ほかのコンピュータと一緒になって、データと情報のネットワークを構成する。コンピュータはまた、世界を理解するひとつの方法を具体化したものでもある。コンピュータはシステムによって世界を電算処理するわけだが、わたしたちは、そうしたコンピュータのあり方を通して、世界が実際にサブシステムからなるひとつのシステムだと考えることができるのである。

したがって、コンピュータと遊びの関係を理解するには、次のことを考える必要がある。システムと遊びのあいだにはどんな関係があるのか。そして、この現代のコンピュータ時代にあって、遊びは電算的な思考とどのようなかたちで共存できるのか。コンピュータ時代の遊びに与えられた課題は、現代社会に広まっている〔遊びを通した世界の見方とは〕別の世界の見方――システム的な見方――をいかにして流用するか、という点にある。

コンピュータは、計算とデータ――それが電算処理可能なかたちで与えられるかぎりで――の扱いが非常に得意である。結果として、そうしたコンピュータのあり方に引きつけて世界を理解しようという考え方が生まれている。つまり、世界はそれを構成している複数のシステムを記述することを通して理解できる、という考え方である。複数のシステムの集まりとして世界を考えることは、世界の複雑さを論理的に還元していく〔=切り分けて複雑さを減らしていく〕方向に進むが、同時にそれは、新しい観点から世界を理解することにもつながる。たとえば、〔そうしたシステム的な見方からすれば〕都市はもはや、人・建物・交通・制度などからなる還元不可能な集積体ではない。都市は、さまざまなレベルで抽象化して枠内で分析・記述できるシステムのパターンの集まりである。

この手の考えは『SimCity』の発想とほとんど変わらない。つまり、コンピュータを使ってそうしたシステムの一部をシミュレートするという発想だ。こうした考え方と電算処理は、圧倒的に相性がいい。両方とも、複雑さを形式化可能なシステムのパターンに方法論的に還元するという点に強みがあるからだ。

この種のシステム的な考え方は、社会に――とりわけ、政治やさらには人間の存在論に向き合う方法に――非常に興味深い影響を及ぼしている。(4) それはまた、存在のモードのひとつとしての遊びに密接に結びついた世界観でもある。このシステム的な世界観と遊びはどちらも、行動のために世界をパターンに還元していくという意味で、ルールを次々に生み出しながら発展していくものだからだ。

とはいえ、この狭い意味でのシステムと遊びには決定的なちがいがある。遊びが流用を追求するものであるのに対して、システム思考は還元を追求するものなのだ。もちろん、還元は必ずしも悪いことではない。それは科学に必須の方法だ。とはいえ、それは遊びが持つパフォーマンスの側面と折り合いがつかないところがある。遊びはパフォーマンスであり、事を起こすことである。[*2] それに対して、「システム思考」は還元であり、事を収めることである。

コンピュータは、まさにこのシステム中心の考え方を実践するのに適したツールだ。それゆえまた、コンピュータは、そうした還元的な視点からの世界の眺めをユーザーに経験させるのにも向いている。しかし、電算的な遊びに求められるのは、そのようなやり方で経験をデザインすることではない。それに求められるのは、パフォーマンス性（performativity）[*3]の快に対してもっと開かれた――それともっと調和するような――やり方で経験をデザインすることである。「パフォーマンス性」という言い方をしてはいるが、わたしは遊びを身体的な経験だけに還元しようとしているわけではない。ソフトウェア・トイやプロシージャルなおもちゃをいじくり回して、それがどんなふるまいをするかを解明するという場合にも、パフォーマンス的な快は生じる。もっと言えば、パフォーマンス的な快は、電算処理それ自体のうちにもおそらくある。コンピュータはたしかにシステムだが、人がそれを使って創造的かつ自己表現的なやり方で行為する《パフォーム》（あるいはそれ自体がそうしたやり方で行為する）ことができるものなのだ。つまり、コンピュータには、（それに対して、あるいはそれ自体が）遊び心を発揮する余地がある。

パフォーマンス的な遊び心ある電算処理のもっとも興味深い例は、Twitterのボットである。Twitterボットは、もともと安っぽいマーケティング手段として考えられていた（もちろん、いまでもその目的で広く使われている）。しかし、ダリアス・カゼミのようなアーティストの手にかかると、Twitterボットは電算的な表現力を持った遊び心ある装置になる。(5) それは、電算処理に本来備わっている表現形式として可能性と、わたしたちの社会的・文化的な文脈におけるその役割を活用する装置になるのだ。

たとえば、カゼミが作ったボットAmiRite[6]は、Twitterのトレンドの話題に遊び心あるやり方で関与する。それは、トレンドをかなりの頻度で自動的かつ創造的に並べ替え、人々が求めているTwitterのシステムがばかばかしいものであることを示すものだ。[7]さらにTwitterボットは、そのツイート文を生成する厳密な構文規則を通して、コンピュータがどのように世界を見ているのかを、部分的にではあれわたしたちに理解させてくれるものでもある。ボットが言っていることは、たしかにボットが経験していることなのだ。わたしたちは、Twitterボットを通して、電算的な存在がどのような〔遊び心ある〕経験をしているのかを遊び心をもってのぞき込むことができる。[8]電算的な存在の遊び心は、それが世界内存在としてあるための唯一のモードである。

現代のコンピュータ時代において、遊びも電算的な思考も、それぞれが世界のなかに存在する方法を探っている。それゆえ両者は、そうした新しい存在の方法を思いつくのを互いに手助けしあうべきだろう。電算的なシステムは、自身が遊びの道具になりえるということに気づいたほうがよい。〔コンピュータの特徴として考えられがちな〕機能性や完全性は、たんにそれが配置される文脈において何が求められているかという話にすぎない。[9]遊びもまたコンピュータから恩恵を受けられるだろう。というのも、コンピュータは、世界内存在としてのわたしたちのあり方をさまざまな点で強化してくれるからだ。

本書では遊びを、流用とそれに対する抵抗のダンスとして、あるいは秩序の創造と秩序の破壊のダンスとして考えてきた。コンピュータ時代に生きるわたしたちは、「システムを遊ぶこと（playing systems）」と「システムで遊ぶこと（playing with systems）」[*4]の両面から——つまり、システムを流用することとそれに対するシステムの抵抗の両面から——遊びをとらえる必要がある。コンピュータは、論理によって束縛され制限されるという経験の快を与えてくれる。一方で遊びは、そうした境界を破壊し、その場をわたしたち自身のものに変えるという経験の快を与えてくれる。遊びは、明瞭さと効率のためにデザインされたシステムを再多義化することを可能にするものだ。システム思考は、世界を説明し、理解し、表現するためのパターンを作り出す。それに対して、遊びは、そのパターンを流用することで——場合によっては撹乱することで——表現を達成する。

というわけで、コンピュータ時代のなかで、遊びはどんな境遇に置かれているのか。まず、コンピュータはとてもよい遊び仲間だ。コンピュータは、その諸特性を通じて、世界を拡張し、仕事を請け負い、ユーザーの代理をしてくれる。コンピュータは、世界についての知覚を強化し、あるいは多様な視点からのデータを提供し、それらを通じて遊びにつながるようなフィードバックを返すことができる。たとえば『Johan Sebastian Joust』では、［コントローラの］動きを解釈するソフトウエアによって、そのゲーム内でできることの幅が広げられている。

コンピュータはまた、遊びが世界を乗っ取るのを手助けするものでもある。この場合、コンピュータは、たんにデータを保持・操作・移動する以上の能力を発揮する必要がある。つまり、そこではコンピュータは、それ自体が世界内存在になって、わたしたちとともに遊ぶ——わたしたちに奉仕するのではなく、わたしたちに対抗するのでもなく、わたしたちと一緒になって遊ぶ——必要がある。電算処理と遊びは、存在論的な特質をいくらか共有している。それゆえ両者は、遊びのための美しい空間を作るために協働できるのである。

　コンピュータ時代になっていわゆる「遊戯《ルーディック》の世紀」が到来しつつあるのは当然のことだろう。現代の計算装置は、たんなる補助器具以上のものだ。コンピュータは世界を新しい解釈へと開き、それによって世界はより豊かな意味を持ったものになる。とはいえ、そうした豊かさを享受するために、つまりそれを理解し、それを人間的なものにするために、わたしたちは、それを通してわたしたち自身を表現しなければならない[10]。電算処理が人間的なものになる[11]のは、そのあるがままの姿を——テクノロジーとしての姿ではなく、ひとつの存在のモード、ひとつの表現形式としての姿を——わたしたちが受け入れるときだけである[12]。わたしたちは、遊びを通してそれを受け入れる。遊びと電算処理は、旅の道連れだ。どちらも、人間が自己を表現するものとして世界のうちに存在するための方法だからだ。

　その旅にはリスクもある。世界とわたしたちを関係づけるコンピュータの力は、同時に、遊びの中毒を引き起こすようなデザインをもたらすかもしれない。スロットマシーンやビデオゲーム、場合によってはおもちゃですらも、流用的で創造的な遊びの快を与えつつ、同時に当のシステムによる過剰な集中を引き起こすことがある。コンピュータを利用した遊びのリスクの中心にあるのは、そうしたさまざまな報酬と一見コントロール可能な混沌からなる、カプセル化された世界である。潜在的な危険があるとしても、そこで遊びと電算処理が密接に結びついているのはたしかだ。そうしたケースでは、遊びと電算処理の結びつきが世界を単純化し、そしてそれによってわたしたちは単純化された表現を渇望するようにうながされる。

わたしたちは遊ぶためにコンピュータを使う必要はないし、コンピュータを使うために遊ぶ必要もない。とはいえ、電算処理と遊びの取り合わせ——電算処理を通して世界を遊ぶこと、あるいは、遊びを通して世界を電算処理すること——は、現代のコンピュータ時代の特質をきわめてはっきりと示している。

コンピュータは、ごくわずかなことをうまくこなす機械である。それは大量のデータを高速で計算し、世界を感知し、ネットワークを構成する。コンピュータは、こうした能力を通して、物理的な文脈を情報的な文脈にまで広げるというかたちで世界を拡張し、それを意味づける。こうしたコンピュータの特性のすべては、遊びによって自己表現を目的として流用される。たとえば、『Johan Sebastian Joust』では、データとセンサーが身体的に気持ちのいい遊びをうながす。Newstweekでは、ネットワークとデータが遊びの操作の対象になる。『のびのびBOY』では、小さなポータブルのコンピュータによってふだんの生活が占拠され、別のものに変換される。いまや、遊び心をもって乗っ取る対象は、世界だけではない。コンピュータそれ自体や、コンピュータと世界の関係もまた、流用の対象なのだ。乗っ取る対象はもっとほかにもあるし、もっと興味深い対象もあるだろう。そうした流用のなかでは、コンピュータはもはや遊びの能動的な共犯者ではなくなる。

実のところ、コンピュータプログラムがやっているのは、機械を流用してそのプログラム自身を表現するということである。それゆえ、そこには遊びと電算処理の自然な関係がある。コンピュータは万能チューリングマシンであり、任意のほかのチューリングマシンとしてふるまうようにプログラムすることができるものである。つまりそれは、別の機械を乗っ取り、その乗っ取った機械を通して自分自身を表現するようにプログラムされる機械なのだ。あるコンピュータをプログラムすることは、それを遊ばせるということ、言い換えれば、それを別の機械にするということである。そういうわけで、思い切ったことを言ってみよう。あらゆる電算処理は遊びである、と。

遊びは、流用であり、表現であり、個人的な事柄である。遊びは、電算処理と一緒になることで、拡張された世界をもたらす。わたしたちは、その拡張された世界を使って遊ぶことができる。そして、わたしたちは、コンピュータに任せたりそれを流用したりしつつ、世界を自分自身のものにすることができる。遊びには、つねにこの〔世界を自分のものにできるという〕働きがあった。しかし、自分が遊んでいる当の世界をこえた全体的な世界につながる機会を与えてくれるのは、コンピュータ時代の遊びだけである。この章の問いに戻ろう。現代のコンピュータ時代において、コンピュータは実際に何を遊びにもたらしてきたか。答えはこうだ。コンピュータは、遊びの対象でありながら同時にそれ自体も遊びの主体であるという新しい世界のあり方を可能にしたのである。

＊

本書の旅もそろそろ終わる。ここまででわたしは、遊びの生態系の地図をスケッチしてきた。それは、遊び道具、遊び場、コンピュータからなる世界であり、そのなかでわたしたちが自分の存在と可能性を表現する世界である。この遊びを通した自己表現は、世界をわたしたち自身のものに変える。それは、わたしたちの記憶力を稼働させ、思い出すべき場所や愛すべき人々を、あるいは知識や知恵や愚かさを、世界のなかに埋め込むのである。自分とは何か。それは、何を、どのように、どこで、そして誰と、遊ぶか――つまり、世界と時間のなかに残る、自分の遊びの痕跡である。

遊びは、わたしたちに世界を与える。そして、わたしたちは、遊びを通して世界を自分のものにする。

原註・訳註

Chapter 1

原註

（1）このトピックに関するもっとも説得力のある学術的な議論は、イェスパー・ユールの『カジュアル革命』（Juul 2009）である。ユールは、カジュアルゲームがどのように成功したか、そしてそれがどのようにビデオゲームの受容者層を拡大させたかを論じている。

（2）この考えの主唱者は、エリック・ジマーマンである。ジマーマンは、二〇一三年の後半にそれをマニフェストのかたちで具体的に明言している。https://kotaku.com/manifesto-the-21st-century-will-be-defined-by-games-1275355204 (accessed October 16, 2013). とはいえ、実際のところ、この考えはその時点ですでにポピュラーなものだった。たとえばゲーム開発者会議（GDC）のようなゲーム開発者の集まりのなかで、その種の考えはいろいろな言い方で表明されていた。ゲームデザイナーのクリント・ホッキングは、二〇一一年の後半に自身のブログで、このルーディックな世紀という理想についてわかりやすくまとめるとともに、その考えを鋭く批判している。https://www.clicknothing.com/click_nothing/2011/11/redacted-the-dominant-cultural-form-of-the-21st-century.html (accessed November 22, 2011).

（3）ヘザー・チャップリンとエリック・ジマーマンは、二〇〇八年のゲーム＋学習＋社会カンファレンスでこの考えを提示している。それはのちにジマーマンのマニフェスト（原註2を参照）として公表された。

（4）本書は、ホイジンガ的な遊び論の伝統をアップデートすることを意図したものだ。この正統派の遊び論は、大雑把に言えば、ヨハン・ホイジンガ（Huizinga 1992）、ブライアン・サットン＝スミス（Sutton-Smith 1997）、バーナード・

デコヴン（DeKoven 2002）、ロジェ・カイヨワ（Caillois 2001）、バーナード・スーツ（Suits 2005）らの議論からなる。この伝統をアップデートするにあたっては、遊びの説明に使われてきた諸理論を拡張することに加えて、具体物とデザインに焦点をあわせることになる。つまり、遊びに使う物（遊び道具）がいかにデザインされているか、わたしたちが遊びを通して世界と関わることをそうした物がいかに手助けしているかを取り上げることになる。

（5）Isaacson（2001）を参照。

（6）ホイジンガは、いまだに遊戯論の中心人物であり続けている。また、わたしがここで提示する遊びの理論はきわめてポスト・ホイジンガ的なものではあるが、それでもホイジンガの考えにかなり強く影響を受けている。ホモ・ルーデンスという概念は、人間の第三の本性に対するホイジンガの解釈を示すものだ。理性的な存在としてのホモ・サピエンス、物を作る存在としてのホモ・ファーベルに対して、遊ぶ存在としてのホモ・ルーデンスがある。この遊ぶ存在としての人間のあり方は、文化における遊びの要素——ホイジンガの考えでは、西洋文化の中心にあるもの——の源泉でもあるとされる。遊び——ほとんど儀式と同一視されているが——は、歴史と文化の構造のうちに痕跡を残している。それゆえ、歴史や文化を理解するには、遊びも理解する必要があるというわけである。ホイジンガの考えは、文化人類学以外の分野での影響はそこまで大きくはないものの、いまだにわたしたちの遊び観を方向づけている（『ホモ・ルーデンス』自体は相対的に時代遅れの本になっているが）。『ホモ・ルーデンス』についての批判的な論評は、Henricks（2006）を参照。

（7）公平を期しておくと、この考え自体はホイジンガにも見られる。しかし、ホイジンガの議論では、遊びが現実の生活から分離しているということを強調しているせいで、遊びが持つ創造と表現の力は低く見積もられている。ホイジンガは、遊びを、それ固有のあり方が発揮されるかぎられた文脈内のものとしてのみ考えており、人々の遊びが実際に行われるより広い文脈や、遊びの活動がさまざまな意図をもってなされるという事実を問題にしないのである。

（8）ロジェ・カイヨワは、『遊びと人間』（Caillois 2001）の4章で、遊びの腐敗とその潜在的な危険という考えについて論じている。ブライアン・サットン＝スミス（Sutton-Smith 1997）は、ギャンブルと過酷な遊びについての批判的な考えをいくらか展開している。

（9）こうした考えは、ニーチェの『悲劇の誕生』（Nietzsche 1872, 1993）で掘り下げられている。

（10）ダークプレイは、リチャード・シェクナー（Schechner 1988）が提示した概念である。パフォーマンス研究における遊び概念の扱いについての注釈つきの入門は、Schechner（2006）を参照。

（11）シェクナーはダークプレイの興味深い例を複数挙げているが、わたしもここでひとつ例を挙げておきたい（あとでもう少し敷衍する）。『B.U.T.T.O.N.』というゲームをプレイするとき、あるプレイヤーがほかのプレイヤーよりも物理的に乱暴になってしまうということがあるかもしれない。あるプレイヤーにとっては、そうした乱暴は当の遊びの一部だろう。しかし、そのゲームの最中にそのように乱暴なふるまいをすることは、ダークプレイの例と見なせる。というのも、ほかのプレイヤーにタックルすることが、そのゲームの遊び方を考えた結果なのか、それとも何か別の欲求にもとづいた行為なのかは、はっきりしないからだ。それは、このゲームによって作り出される〔遊びと非遊びの〕境界を探る行為なのである。Wilson（2011）も参照。

（12）ここでの「カーニバル的」は、ロシアの文学理論家ミハイル・バフチン（Bakhtin 1984, 2008）が言う意味でのそれである。

（13）「祝祭のあいだは、さながらすべての公式のシステムが一時的に停止し、あらゆる禁止や位階制度上の障壁が撤廃されるかのようであった。いっときのあいだ、生は、いつもの、法に縛られた、神聖な軌道をはずれて、ユートピア的な自由の領域に足を踏み入れていたわけだ」（Bakhtin 1984, 89）。

（14）「中世の笑いの普遍性とならんで、もうひとつの注目すべき特性——笑いと自由の不可分な本質的な関係——についても論じておかなければならない。〔……〕こうした笑いの自由の程度は、もちろん相対的なものである。笑いの自由のおよぶ領域は、時代ごとに、より広いこともあれば、より狭いこともある。しかし、それが完全に根絶されたことは一度としてなかった」（Bakhtin 1984, 89）。バフチンが笑いを問題にしているのに対して、わたしはカーニバル的な遊びを問題にしている。とはいえ、主張の内容は大差ない。というより、笑いはカーニバル的な遊びの一つのあらわれ方として考えられるだろう。

（15）Twitterボットとは、ようするにTwitterのツイートを自動で生成・投稿するようにデザインされたコンピュータプログラムのことである。この説明でよくわからなければ、以下のサラ・ブリンの記事を読むとよい。http://nybots.tumblr.com/post/62834461397/who-led-the-horse-to-ebooks (accessed October 17, 2013).

（16）わたしは「後期ロマン主義的」という言い方で、とりわけゲームの美学が作者性、形式、個人的な表現といった概念を重視するようになってきたことを指している。

（17）この意味で本書は、Dunne（2006）、Sengers and Gaver（2006）、Sengers et al.（2005）、Hallnäs and Redström（2001）といったクリティカル・デザイナーの仕事に近い。

（18）本書では、シェクナー（Schechner 1988）が提示しているような原因論《エティオロジー》的な観点から厳密に遊びを論じるわけではない。わたしの関心は、生物学的なあらわれとしての遊びではなく、文化的なあらわれとしての遊びにある。

（19）シェクナーによれば、「学者は遊びの定義論の一時停止を宣言したほうがいいと思う」（Schechner 1988, 3）。

（20）わたしのミニマリスト的な遊びの理解は、時間を通じた変化に注目することを除けば、本質主義的なアプローチ——人文学に属する多くの論者が社会文化的な現象を理解しようとする際にとるアプローチ——から距離をとるものである。わたしが試みるのは、遊びとその重要性を理解することであって、遊びを形式的に定義することではない。どちらかと言えば、わたしの定義は、遊びを文化的・社会的な文脈のなかにあるものとしてとらえてきた社会学の仕事に負うところが大きい。とくに本書は、トーマス・ヘンリックスの『遊び再考（Play Reconsidered）』（Henricks 2006）に多くの影響を受けている。もちろん、本書のアプローチはより人文学的であり、また遊びの文脈を論じるというよりも物《オブジェクト》としての遊びを——ひいては、そのデザインと物質性を——論じるものだ。とはいえ、わたしの意図は、遊びの定義について非本質主義的な見方を提示することにある。

（21）文脈という概念は扱いが難しい。「文脈」という語は社会学的な研究のなかで広く使われるが、とくに、ある状況に関与的な人間の行為を取り巻くすべてのものを説明する際にしばしば持ち出される。（Goffman（1959）を参照。この話題を概観する優れた教科書として、Ritzer（2000）がある。）とはいえ、ここでわたしは、これとは異なる文脈観を意図的に採用している。わたしの文脈観は、ブリュノ・ラトゥールをはじめとしたアクターネットワーク論者の研究（Latour 1992; Latour 2005; Law and Hassard 1999）から影響を受けたものだが、それに加えて、ペーター＝ポール・

フェアベーク（Verbeek 2006）のポスト現象学的な〔技術の哲学の〕伝統ともかなり近しい。フェアベークの議論は、文脈内のテクノロジーを、わたしたちが世界を経験・構築する方法の一部として理解しようとするものだ。そういうわけで、本書の遊びの理論における「文脈」には、遊びが社会的・文化的・技術的・物理的に位置づけられているという事実や、物が遊びそれ自体の不可欠な一部になる方法が広く包括されている。この意味で、わたしの文脈観は、ユビキタス・コンピューティングの古典的な研究――とくにポール・ドーリッシュの仕事（Dourish 2001; 2004）――の背後にある文脈観にも近い。より具体的に言うと、文脈についてのわたしの理解は、以下の引用におけるドーリッシュの「実践」の理解に近いと思われる。「「文脈」（当の状況が持つ記述的な特徴の集まり）から「実践」（そうした状況に関与するための諸形式）に視点を移すことで、人々が世界に見いだす意味と、そこで人々自身が行う行為の意味が、重要な役割を果たしている（行為者自身やそれ以外の人にとって。その行為がどんな帰結と解釈をもたらすかという点で）ということが明確になる」（Dourish 2004, 27–28）。とはいえ、言葉づかいの明瞭さの点から、ここでは「実践」ではなく「文脈」を使いたい。

（22）サッカー関係の文献（Wilson 2008; Goldblatt 2006）では、サッカーのプレイスタイルが何に由来するのかがしばしば論じられる。それは、開かれた公共空間で年齢やスキルによる区分けなしに遊ぶなかでドリブルすることを身につける都市部のしたたかな子どもらのプレイスタイルに由来するものなのか、それとも、専門の教育機関での科学的な訓練によって養成されるものなのか。ポトレーロに魅力を感じるアルゼンチン的な価値観と、幼少期の訓練を重視する古めかしいオランダ的な価値観とでは、かなり方向性がちがう。（「ポトレーロ」は、スラム街の子どもたちによってプレイされるサッカーのこと。そのプレイスタイルの最高峰はディエゴ・アルマンド・マラドーナだが、見方によってはポトレーロ的なプレイスタイルがマラドーナの社会文化的な影響の結果だとも言える。このおそらくは史上最高のサッカー選手である「エル・ディエゴ」は、彼自身がかなり貧しい階層の生まれである。）こうした価値観のちがいによって、それぞれに異なるプレイスタイルが生み出される。それは言い換えれば、サッカーというゲームをどうプレイすべきかに関して、個人や集団がそれぞれ異なる解釈をするということである。

（23）この考えもまた、ドーリッシュの文脈観に近い。「わたしたちは、何か特定の領域においてしかるべき能力を持った社会的な主体として、目にする世界と状況を意味のあるものと見なすことができる。こうした行為と意味の一体化は、文脈の問題にとっても重要だ。というのも、文脈とは本質的に、行為がどのようにして意味あるものになるのかという話だからである。たとえば、ある特定の行為は、それがどこで、いつ、あるいは誰と行われるかによって、その行為者以外の人にとって意味あるものになる」（Dourish 2004, 24）。

(24) もちろんこの考えは、アフォーダンスと制約というデザイン研究の古典的な概念（Norman 2002）にもとづいている。とはいえ、わたしは、遊びのためにデザインされた物——遊び道具（plaything）——という概念によって、ドナルド・ノーマンが『複雑さと共に暮らす』（Norman 2010）で導入した「デザインされた記号表現」という概念をより発展させたい。

(25) 次の章では遊び心を取り上げる。遊び心は、遊びでない文脈を〔本来とは〕別のやり方で解釈することを可能にする態度のことだ。わかりやすい遊び心の例はアップルのコンピュータである。アップルは、たとえばアニメーションやくせのある装飾で盛りつけることで、コンピュータを遊び心あるものに見せることを重視している。そうしたアップルのデザインは、ありきたりな灰色の箱の格好をしたコンピュータに対してとる態度とは別の態度をとるようにユーザーにほのめかしている。これはスティーブ・ジョブズのデザイン思想の中核のひとつだったわけだが、それはまた、必ずしも遊びを含まない（あるいは遊びにつながらない）ような文脈のなかでどのように遊び心が発揮されることがあるかを示す好例でもある。

(26) わたしは、言語と同様のひとつの表現形式として遊びを理解している。サットン＝スミスによれば、「遊びは言語に似ている。どちらもコミュニケーションと表現のシステムであり、それ自体のうちには良いも悪いもない」（Sutton-Smith 1997, 219）。そういうわけで、この共通点を〔遊びと言語などのほかの表現形式の〕比較の軸にすることができる。言語は（少なくとも遊びがデザインされるというのと同じ意味では）デザインされるものではない。ここで「遊びはデザインすることが可能なものだ」という言い方で言っているのは、「人間には遊びの活動を補助するための遊び道具を人工的に作る能力がある」ということである。この考えのベースには、デザインを人工物についての科学として理解する（Simon 1996; Cross 2007）、あるいはデザインを、世界のうちに存在するという経験に貢献する物の創造につながる知識・技能・洞察の集まりとして理解する（Verbeek 2006）というデザイン観がある。

（27） デイヴィッド・パイ（Pye 1978）は、デザインの美的経験はその物自体が持つ形式と機能の重要性に深く影響されるという考えを示している。これはいまだにびっくりするほどポピュラーな考え方であり続けている。もちろん、ノーマン（Norman 2004）のようなユーザビリティ教のグルたちは、この種の〔機能美を称揚する〕モダニズム的な思想からは距離をとっている。

（28） これは『ホモ・ルーデンス』の最初の章の焦点のひとつでもあるし、多くのゲームスタディーズの文献（Salen and Zimmerman 2004; Juul 2005）でよく見る話題でもある。Henricks（2006, 209–212）および形式主義者としてAvedon and Sutton-Smith（1971）も参照。さらに、ルールを研究するうえで、ルートヴィヒ・ウィトゲンシュタイン（Wittgenstein 1961; 1991）の重要な議論は避けて通れない。

（29） ここで、アーヴィング・ゴフマン（Goffman 1961）の議論を思い出す読者もいるだろう。

（30） この遊びに向かう態度はホイジンガ、カイヨワ、サットン＝スミスも指摘してはいるが、それを「遊戯的態度（lusory attitude）」と名づけたのはスーツ（Suits 2005）である。デコヴン（DeKoven 2002）は、この遊戯的態度の理解にもとづいた議論を展開し、その態度がどれだけ簡単に周囲の影響を受け、遊び心ある活動の文脈と目的次第で変化するかを論じている。

（31） ホイジンガはそうは考えていない。「ゲームのルールは絶対的な拘束力を持ち、これを疑ったりすることは許されない。［……］ルールが犯されるや否や、遊びの世界はたちまち崩れ落ちてしまう」（Huizinga 1992, 11）。わたしは、ホイジンガとは異なる主張をしたい。多くのケースでは、ルールが犯されると、新しい遊びの世界が生まれる。

（32） ルールが変更される例は無数にある。たとえば、ローカルルールや縛りプレイ（http://drgamelove.blogspot.com/2009/12/permanent-death-complete-saga.html）、あるいはスポーツの戦術も含めていいだろう。これらはすべて、遊びを助長するためにルールを解釈して〔変えて〕いる例である。

（33） ふたたびホイジンガを引いておく。「ルールを犯したり無視したりするプレイヤーが、いわゆる「ぶち壊し屋《スポイルスポート》」というやつである。［……］こういうわけで、ぶち壊し屋は抹殺されねばならない。そいつは遊びの共同体の存続を脅かしていのるだから」（Huizinga 1992, 11）。

（34）一九六〇年代後半に、〔従来のゲームより〕もっと非競争的で遊び心のあるゲームを推奨する「ニューゲームズ運動（New Games movement）」が起こった。この運動に属する著作はすべて、遊びのルールが柔軟なものだという考え方を採用している。この考え方は、とくにデコヴンの著作に顕著に見られる。デコヴンによれば、遊ぶことは、ルールで遊ぶことよりも重要である。

（35）この考えは、ヘンリックス（Henricks 2009）が示している「秩序に従いつつ無秩序な遊び」という概念から借りた。

（36）「アポロン的なもの／ディオニュソス的なもの」という二分法は、ニーチェが『悲劇の誕生』（Nietzsche 1993）で提示したものである。もちろん、『悲劇の誕生』は十九世紀後半の著作であり、しかも明らかに特定の文化的・芸術的な風潮に対する具体的な反応として書かれたテキストだ。とはいえ、この二分法は、以下で論じるように、遊びを理解するうえで重要である（もちろん、そのオリジナルの概念をどう解釈するかはある程度自由だという前提を置いたうえでの話だが）。

（37）ニーチェは次のように書いている。「ところで想像してみよう。仮象と節度の上に建てられ、わざとらしく抑制されたこの世界へ、ディオニュソス祭の熱狂的な調子が、いよいよ誘惑的な魔法の調べを響かせて侵入してきたさまを。快感・苦悩・認識における過度のすべてが、この調べのうちに、するどい絶叫となるまでその声を高めたありさまを。さらに想像してみよう。アポロンの芸術家が幽霊じみたハープをかきならしながら吟誦するといったことが、この魔物につかれたような民衆の歌に対して何ほどの意味を持ちえるかを！」（Nietzsche 1993, 26）ついでに言えば、最近では、民間ゲームに影響された身体を使うインディーゲーム（『B.U.T.T.O.N.』など）が増えていたり、多くのインディーゲームのイベント（毎年行われるインディーゲームの祭典であるIndieCadeなど）で民間ゲームが遊ばれたりする（民間ゲームは、集団で遊ばれ、遊びのコミュニティを通じて伝播するポピュラーなゲームのこと）。こうした傾向は、二十世紀後半を支配していたビデオゲーム（コンピュータ上で作動する形式システム）のアポロン的なあり方に対するディオニュソス的な反応として解釈できるかもしれない。

（38）「遊びは、その特徴として、快活であると同時に無礼である。またプレイヤーは、その語のもっとも広い意味において、気ままである。プレイヤーは、いまを生きることに全力を傾けつつ、可能なところならどこにでも自分の関心と熱意を注ぎ込む。遊びが行われる境界内部での行為は、典型的には〔動作を反復する〕ダンスの動きをすると同時に、〔標的に一直線に向かう〕矢の動きをする。わたしたちは、自分で慎重に組み上げた積み木の城を破壊し、その崩壊に魅了される」（Henricks 2006, 205–206）。

（39）目標志向の合理的な遊びには、それ特有の快がある。そうした道具的な遊びは、非常に前向きなタイプの遊びになることもあるが（Taylor 2006a）、一方であまりよくないタイプの遊びになることもある（Sicart 2012）。たとえば、外的な報酬を目指して単純作業を繰り返すなかで、遊びの目的そのものが失われてしまうといったケースだ。

（40）ホイジンガ（Huizinga 1992）は、遊びが秩序を作るものとして重要であると述べている。こうしたアポロン的な思想の名残は、今日でもまだ遊びに対するわたしたちの考え方のうちに見てとることができる。たとえば、ラフ・コスターの『ゲームデザインのための楽しさの理論』（Koster 2005）では、遊びと学習が同類であるという仮説が提示されている。なぜなら遊びは学習と同じくパターン認識による行動で構成されているから、というわけだ。わたしたちは、秩序を認識することで学び、遊ぶ。これはたしかに、遊びを理解するひとつの妥当な見方ではある。しかしそれは、遊びの数ある重要性のひとつを取り出す見方でしかない。

（41）「遊びはいつでも延期できるし、まったく中止してしまっても問題ない」（Huizinga 1992, 8）。

（42）Bakhtin（1984; 2008）を参照。ちなみに、バフチンの影響は、デザイン研究の文献にも多少見られる。たとえば、Wright, Wallace, and McCarthy（2008）を参照。

（43）ケネス・シュミッツも同様の議論をしている。「芸術や宗教がそうであるのと同じく、遊びは祝宴からそれほど離れたものではない。芸術が美を祝い、宗教が〔神の〕栄光を祝うのに対して、遊びは自然界の外側にあると同時にそれに依存する限定された世界の出現を祝う」（Schmitx 1988, 33）。そのほか、Fink（1988）、Esposito（1988）も参照。

（44）カーニバルの特徴が遊びの特性に由来するという考え自体は、遊び研究において完全に新しいものというわけではない。たとえば、ヘンリックスは次のように述べている。「祝祭では、典型的には、積極的で創造的な活動とその反対の活動——より受動的で順応的なあり方——が行ったり来たりする」（Henricks 2006, 92）。とはいえ、バフチンのカーニバル概念を援用し、その概念と近代性や自由という概念との重要な結びつきを議論に組み込んでいるという点では、本書の理論はほかの遊びの理論とは異なる。

(45)「もちろん、愚者の祭りの笑いは、キリスト教の儀礼や教会の位階制を純粋に否定する抽象的な嘲笑ではけっしてなかった。否定的で愚弄的な要素は、身体的な復活・再生を祝う歓喜のテーマのうちにまだ深く浸っていた。そこで笑っていたのは、「人間の第二の本性」、つまり〔当時の〕公式の宗教やイデオロギーのなかではけっして表に出ることなかった身体的な下部階層である」(Bakhtin 1984, 75)。そして「祝祭のあいだは、さながらすべての公式のシステムが一時的に停止し、あらゆる禁止や位階制度上の障壁が撤廃されるかのようであった。いっときのあいだ、生は、法に縛られた、神聖な、通常の軌道をはずれて、ユートピア的な自由の領域に足を踏み入れる」(Bakhtin 1984, 89)。

(46)「ルネサンスの笑い観をあらかじめ大まかに記述すれば、次のようになる。笑いは、哲学的な深い意味を持っている。それは、世界全体に――それゆえ人間と歴史に――関わる真理をあらわす本質的な形式のひとつなのだ。笑いは、世界に対する独特の視点である。笑いによって、まじめな視点から見るのと同じくらい深く(あるいは場合によってはそれよりも深く)世界が見つめなおされることになる。普遍的な問題を提起する〔ルネサンスの〕偉大な文学のなかで、笑いがまじめさとまったく同じように許容されたのは、この理由による。世界の本質的な側面には、笑いによってしかアクセスできないものがあるのだ」(Bakhtin 1984, 66)。

(47)「言い換えれば、中世の笑いは、ルネサンスの発展段階にいたって、自由で批判的な新しい歴史意識の表現になったのである」(Bakhtin 1984, 73)。

(48)「それゆえ、まじめさには自然と不信感が持たれる一方で、祝祭的な笑いには信頼が寄せられたのである」(Bakhtin 1984, 95)。

(49)「笑いは、本質的に、真理の外的形式ではなく内的形式である。つまり笑いは、それがあらわにする真理のまさにその内容を破壊・歪曲することなしに、まじめさに変質させることはできないのだ。笑いは、外からの検閲から人を自由にするだけではない。それはまずもって内からの強力な検閲から人を自由にする。つまり、何千年もかけて人の内側で育ってきた恐怖――聖なるもの、禁制、過去、権力といったものへの恐怖――から人を自由にする。笑いは、物質的・身体的な原理をその真なる意味において明らかにする」(Bakhtin 1984, 94)。

(50) 「ゲームの形象は、人生や歴史の過程を凝縮した定式――幸運と不運、繁栄と凋落、戴冠と奪冠――として見られていた。[……] それと同時に、ゲームは日常生活の制約の外に人を連れ出し、通常の法律や規則から人を解放し、既存の確立した決まりごとをもっと軽やかで気まぐれな約束事に置き換えるものだった。[……] こうしたラブレーの時代の特異なゲーム観については、慎重に考えておく必要がある。この時代、ゲームはまだ、日常生活の一部とは考えられていなかったし、そのふまじめさの側面が問題にされることもあまりなかった。ゲームは、その哲学的な意味をまだ保持していたのである」(Bakhtin 1984, 235–236)。

(51) 「遊びはふつう、人々が手持ちの時間を「自分のために使う」ことだと考えられている。[……] それゆえ、遊びのなかでは、人々は世界を自分の好み通りに変えることができると言われる。[……] 遊びは、世界をかたち作る機会を人々に与え、しかも好きなタイミングと長さでそれをできるようにするものである」(Henricks 2006, 7–8)。

(52) 「ニンジャ・スラップ」とも呼ばれる。http://www.urbandictionary.com/define.php?term=Ninja%20Slap (accessed December 1, 2011). 以下も参照。http://ultimateninjacombat.com/ (accessed December 1, 2011).

(53) http://gutefabrik.com/joust.html (accessed December 1, 2011).

(54) ちなみに、流用的な遊びは、〔遊びをするのではなく〕遊びを見るケースでも生じる。たとえば、遊びの流用的な特性という観点は、わたしたちがどのようにスポーツの観戦をするかを理解するのに役立つ。スポーツであれ、ニンジャや『Joust』のようなゲームであれ、プレイ中の試合を見ることは、そこに参加すること――つまり遊ぶこと――でもある。たしかにそれは、小規模でおそらくあまり重要でない参加方法だろうが、活動としての遊びを特徴づける流用という基本的な特性を発揮することではある。

(55) マルクス主義者であっても、おそらくこの遊び観に納得すると思われる。ヘンリックスのマルクス解釈によれば、「実際のところ、その活動から生じる人間関係の経験に比べれば、物それ自体はたいして重要ではない」(Henricks 2006, 37)。

(56) https://camover.noblogs.org/. 以下も参照。http://www.disinfo.com/2013/01/camover-a-game-to-destroy-cctv-cameras/;〔アクセ

ス不可〕https://www.theguardian.com/theguardian/shortcuts/2013/jan/25/game-destroy-cctv-cameras-berlin (accessed February 1, 2013).

(57) シェクナー自身が次のように言っている。「ダークプレイは、秩序を転覆し、枠組みを解体するが、それだけでなく、それ自体のルールをも破壊する。たとえば、スパイ、詐欺、おとり、二重スパイといった行為が横行することで、当の遊びそれ自体が崩壊の危機にさらされる。カーニバルや儀礼的な道化師による転覆、あるいは誰であれ底意があからさまな人による転覆とはちがって、ダークプレイの転覆は、タネ明かしされることもなければ、オチがつくこともない。ダークプレイが目指すのは、まとまり《インテグレーション》ではない。それが目指すのは、攪乱、欺瞞、過剰、そしてそれらから得られる快楽である」(Schechner 1988, 13)。

(58) 「遊びは、それ自体の（浸透性のある）境界と領域を作り出す。そこで作り出されるのは、不安定で穴だらけで、創造的な嘘と欺瞞にあふれた複合的な現実である。遊びは危険なものだ。それだからこそ、プレイヤーは、遊びを始めるに際して安心感を抱く必要がある。そうした遊びの危険は、しばしば隠されたり偽装されたりする。たとえば、遊びは、楽しいもの、自発的な活動、余暇の気晴らし、いっときの出来事、などと言われるのだ。しかし、実際に遊びが楽しいのは、たとえば火で遊ぶときとか、物事の収拾がつかなくなるときとか、日ごろ受け入れられている物事の手順や序列をひっくり返すときとかである。そして遊びは、プレイヤーだけでなく、監督、観賞者、解説者を巻き込むようなパフォーマンス性を持っている」(Schechner 1988, 5)。

(59) サットン＝スミスがすでに指摘しているように（Sutton-Smith 1997, 111–123）、これは大人の遊びだけでなく、子どもの遊びにも言える。

(60) ギャンブル機械のデザインについてのナターシャ・ダウ・シュールの議論は、とりわけ興味深い。「バーチャルリール・マッピングとその不均衡なリールから、ビデオスロットの非対称リールまで、あるいは、ストップボタンやジョイスティックが作り出すコントロール性の錯覚から、ティーザー・ストリップによる幻の確率まで、これらの手法は、企業からも、企業の法務部からも、そして規制機構からも認められている。そのため、マシンのデザイナーは確率やチャンスの見せ方をより自由に操作しながら、「コントロールの幻想」でギャンブラーたちを魅了し、確率の認知をゆがめ、ニアミス効果をねらっている。デザインや、綿密な調整によって偶然を作る技術が生む一種の魔法が、「本当に新しい神」として機能し、プレイヤーたちをとりこにするのだ」(Schüll 2012, 95)。

(61) ヘンリックスによるゴフマン解釈(Henricks 2006, 169–170)も参照。

(62) 「遊びの際立った特徴に思われるのは、その活動をする理由づけがその活動それ自体のうちに含まれる(あるいはそこに限定される)傾向が強いという点である。遊ぶことは、「この限定された領域は正当な活動場所であり、そのなかでは、人々はほかの領域から一切干渉も非難もされずにその目標を熱心に追求することができる」ということを認めることである。もちろん、そのなかで起きることが、個人や社会になんらかの影響を与えることはあるだろう。[……]しかし、そうした影響は、大半が「その場かぎり」で済むことである」(Henricks 2006, 191)。

(63) スーツによれば、「遊びのすべての事例は、自己目的的な活動の事例である」(Suits 1988, 19)。

(64) この主張は、もちろんマジックサークルという概念に対するジャブである。この概念は、ホイジンガが遊びの自己目的性について述べる際に提唱したものとして一般に解釈(誤解)されている。Consalvo (2009) を参照。〔ヘンリックスの解釈による〕ゴフマンの考えもまた、マジックサークル概念を揺るがすものとして理解できる。「実際のところ、ゲームの境界にはある程度浸透性がある。ある種の問題は、避けがたくこの境界を通り抜けてくるのだ」(Henricks 2006, 151)。

(65) http://mightyvision.blogspot.dk/2012/08/vesper5.html.

(66) ここでも、アクターネットワーク理論の影響が明白にある。わたしは、遊びが物・人・プロセスからなる生態系のなかで生じるものだと考えている。これらの要素のすべては、時間の経過にしたがって、さまざまなあり方で関係しあう。わたしの考えでは、遊びの理論は、そうしたネットワークの働きを明らかにし、遊びの活動の具体的な事例に有意義かつ批判的なやり方で接近することを可能にするような語彙を作ることを目指すべきである。

(67) 「あるゲームをプレイすることは、プレイヤー自身がかつて経験したことを唐突に取り戻すことであり、より深いレベルでは、そのゲームをかつてプレイした誰かの足跡をたどりなおすことである」(Henricks 2006, 13)。

(68) 「遊ぶことは、遊び場の出口のすぐ向こうに、より広い世界が——さまざまな義務と複雑さを背負ったものとして

——あるということである。さらに、この広い世界は、それが持つ緊迫感と意味を遊びに与えるものとして必要でもある。人々は、そうした遊びの外に広がる環境から、時代の価値観や課題——それらはしょっちゅう互いに対立する——を移入したり、あるいはさらに、社会における個人の役割といった自分自身が抱えるもっと一般的な問題を移入したりする」(Henricks 2006, 219)。

(69) 「遊びの領域は、自由なやり方で参加するかぎりで、ある種の機会を明白なかたちで与えてくれるものだ。そこで提供されるのは、ふだんとは別の認識のモードを探究する機会であり、新しい存在のモードについての洞察と知識を発展させる機会であり、おそらくほかの場所では容易に得られないような根本的に特別な可能性を探る機会である」(Meier 1988, 194)。

(70) 注意深い読者なら、遊びの古典的な特徴づけである「自発的(voluntary)」をわたしが避けていることにお気づきかもしれない。これは、遊びについて考えを重ねた結果、自発性の概念が遊びの存在論的な特徴づけとしてたいして重要ではないように思えてきたからだ。たしかに、わたしたちは遊ぶことを選択していると言えるケースはよくある。しかし、最初は自発的な選択だったものでも、そのうち、たとえば社会的な圧力によって、遊ぼうという意図ぬきに遊ばれるようになることもあるかもしれない。遊びは、わたしたちがしばしば自発的に参加する活動である。これはたしかである。しかし、自発性は、その活動を定義する特徴ではない。遊びは、プレイヤーからすれば何の選択もしていない状況であっても生じうるし、しかもそうしたケースは頻繁にある。自発性という概念もまた、ホイジンガによる遊びの理想像の名残である。そうした理想にもとづいた結果、「自発的であることが義務であるもの」として遊びを考えてしまうこともあるかもしれない。

(71) 「ある人が自己を自由なものとしてとらえ、そしてその自由を行使しようと欲するやいなや——その自由がかえってその人の苦悩になるかもしれないが、それはともかく——その活動は遊びになる」(Sartre 1988, 169)。

(72) 「遊ぶということは、つねに存在に対して説明的な〔意味づけをする〕態度をとることである」(Fink 1988, 105)。

(73) Sartre(1988, 170)を参照。

訳註

＊1 「playful」は原則「遊び心ある」と訳す。同様に「playfulness」は「遊び心」と訳す。

＊2 原語は「to be in the world」。直接の参照指示はないが、明らかにハイデガーの概念（またはそれを引き継いだサルトルの概念）が念頭に置かれている。「世界内存在」は、人間の本質的なあり方、つまり人間が人間としてあるそのあり方を指す。本文で述べられるように、遊びは、そうした世界内存在のひとつのモードとして考えられている。なお、読みやすさの都合上、「世界内存在」と訳している箇所とそうでない箇所がある。

＊3 「ludic」は「遊戯的」という訳が適当なテクニカルタームだが、ここでは著者による説明が入っているため、カタカナで訳す。

＊4 仏教説話の「指月のたとえ」のこと。

＊5 原語は「form」だが、読みやすさの都合上、世界内存在のあり方を指す用法の場合は、すべて「モード」をあてる。「way of being」も同様。

＊6 「portable theory」という言い方には、理論自体がポータブル＝お手軽であるという意味と、遊びを存在のためのポータブルな道具として考える理論（遊びのポータブル説）であるという意味の両方が込められていると思われる。

＊7 本文でもあとで多少の説明があるが、ダークプレイは、暗がりで行われる遊びではなく、それが遊びであることが（一部の）プレイヤー以外に伏せられている遊びのことである。

＊8 ファウンドアートは、未加工の自然物や非芸術的な目的で作られた人工物を、そのまま作品にするか、または作品の素材として流用するもの。

＊9 本文にHorse_ebooksの説明がほぼないので補足しておく。Horse_ebooksは、スパムボットであるにもかかわらず奇妙で詩的なツイートをするということで、二〇一〇年ごろから人気になったTwitterアカウントである。ツイートがリンクだけだとTwitter社にスパム認定されてしまうので、多くのスパムボットは、リンクツイートだけでなくリンクなしのツイートも自動でつぶやくようにプログラムされる。Horse_ebooksの場合は、そのリンクなしの自動ツイートの内容が独特な魅力を持っていたおかげで人気が出たというわけだ。しかし、このアカウントは実はある時期から手

動アカウントになっていた。もともとHorse_ebooksはロシアのスパム業者が運用していた真正のスパムアカウントだったが、二〇一一年にスパム業者からパフォーマンスアーティストのジェイコブ・バキラに秘密裡に譲渡されており、それ以降はバキラが手動で（ボットに見えるように）ツイートしていたのだ。この事実は二〇一三年九月にバキラ自身によって暴露され、それと同時にツイートの投稿も停止された。バキラは、Horse_ebooksのツイートをある種のパフォーマンスアートとして行っていた。バキラは自身のサイトで次のように書いている。「わたしはスパムメッセージを二、三時間に一回のペースで投稿していた。これは、このアカウントのもともとの自動装置の投稿スケジュールにならったものだ。その投稿には、わたし自身が書いたものはひとつもない。すべて既存の文章（ふつうはスパム）から採ってきたものだ」(https://cargocollective.com/jacobbakkila/Horse_ebooks-2011-2013)。またバキラは、ニューヨークタイムズのインタビューで次のように答えている。「機械としてふるまうというのがもともとの発想だった。〔……〕目標はアカウントを乗っ取ることではなく、むしろそのアカウントになることだった」(https://bits.blogs.nytimes.com/2013/09/24/the-human-behind-a-favorite-spambot-horse_ebooks/)。

*10 「デュレーショナルアート」（持続アート）は、長時間の過程の変化が重要である種類のパフォーマンスアートを指す。アブラモヴィッチのパフォーマンスのようにその過程がアーティストにとって過酷な場合は、とくに「エンデュアランスアート」（耐続アート）と呼ばれる。

*11 本文にもあるように、「appropriation」は、ある事物をその本来の文脈や用途から外れて使用することを指す。これは「盗用」と訳されたりカタカナでそのまま「アプロプリエーション」と表記されたりすることが多いが、本書では原則的に「流用」と訳す。

*12 写真を見てもわかる通り、ここでいう「ニンジャのポーズ」は、おそらく多くの読者が想定するであろう結印のポーズ（ニンニン）ではなく、腰を深く落として手と足を大きく広げるポーズである。

*13 原語は「play object」。「object」や「thing」は基本的に「物」と訳す。この意味での「物」は大半が物理的な物体を指すが、ゲームのように場合によっては抽象的なものが「物」と呼ばれることもある。

*14 「destruction」と訳語上区別するために、「disruption」は原則的に「攪乱」と訳す。「disruption」を「破壊」や「妨害」

と訳すと通りが悪い箇所もいくつかある。

＊15　『Vesper.5』の内容を補足しておく。このゲームでは、プレイヤーはキャラクターを一マス動かすと、二十四時間何もできなくなる。そして、クリアにいたるには最速でも一〇〇日以上かかる。結果として、毎日キャラクターを動かすことが、楽しいプレイというよりはほとんど苦痛な日課――あるいは毎日のお祈り――のようになるらしい。

＊16　「personal」は、「個性が出る」という意味で使われる場合と「自分自身の問題である」という意味で使われる場合があるが、この第七の遊びの特性は両方の意味で使われている。両義的に使われる「personal」は一貫して「個人的な」と訳す。

Chapter 2

原註

（1）ソフトウェアがハードウェアを乗っ取るという考え、およびそのことが潜在的に持つ政治的・法的・倫理的な含意については、Lessig（2000）の説明を参照。また、ソフトウェアとハードウェアの関係についてのより的確な分析については、Bogost and Montfort（2009）、Wardrip-Fruin（2009）を参照。とはいえ、ソフトウェアとハードウェアの関係についてのもっとも興味深い洞察は、科学技術社会論にしばしば見られる（Latour 1992; 2005）。Kittler（2010）も参照。

（2）ここでは場ちがいな論点だが、一言述べておこう。遊びとデジタルの関係を考える際に取り上げるべき興味深い論点として、遊び心あるテクノロジーの形成においてゲートキーパーが果たす役割という問題がある。〔訳者註：固有名の「Gatekeeper」はMac OSのセキュリティ機能で、信頼できない（とアップルが見なす）ソフトウェアがデバイスにインストールされるのを防ぐもの。ただし、ここでは「gatekeepers」と一般名詞で書かれており、Mac OSのGatekeeperだけでなく、それと同等の機能一般を指していると思われる。〕たとえばiPhoneは〔そのデバイス自体としては〕無限の可能性を秘めてはいるが、あるソフトウェアがiPhone上で実際に動くことを許可しているのは、最終的にはそれを生産した会社、つまりアップルである。このように背後に機関があるという事実が遊びに本来備わる自由さにどう影響するかについて、デジタルな遊びの作り手や研究者は関心を持つべきだろう。

（3）たとえばマツダのZoom-Zoomキャンペーン（http://zoom-zoom.mazda.com/, accessed December 9, 2011〔アクセス不可〕）のように、スポーツカーがこの手のエモーショナルで遊び心あるアイテムとして売り込まれることはよくある（この見解はマーク・J・ネルソンに負う）。同様に、キッチン用品に色を使うことは、それを食料生産のためのさえない道具から感覚的な料理経験の一部に引き上げる（たとえば、デンマークのブランドであるボダムを参照。https://www.bodum.com/dk/da/, accessed December 9, 2011）。マーケティング理論家は、「遊び心ある消費」について、またそれが市場でどう利用できるかについて、広範かつ適切に論じている。Holbrook and Hirschman（1982）、Holbrook et al.（1984）、Grayson（1999）、Molesworth and Denegri-Knot（2008）を参照。

（4）マーケティング、デザイン、感情の関係については、Blijlevens, Creusen, and Schoormans（2009）を参照。

（5）二〇一〇年にゲーミフィケーションという概念が盛り上がりを見せたが、それはまさにこうした考え――遊びとその価値を通じて、ビジネスやサービスは顧客の関心をより引くことができるという考え――をあからさまに示している。ビジネス用語として持ち上げられたゲーミフィケーションは広く批判されたものの、形式化された遊び〔＝ゲーム〕の領域以外のところで〔ゲーミフィケーションの発想に近いものとしての〕遊び心について考える展望はまだまだある。ゲーミフィケーションについての完全かつ綿密かつ希望のある批判は、Deterding et al.（2011a; 2011b）を参照。

（6）スポーツカーのコマーシャルは、遊び心ある方法で製品を見せることが多い。同様に、アップル（「Think Different」）、ヒューレット・パッカード（「The Computer Is Personal Again」）、ナイキ（「Just Do It」、とくに一九九〇年代後半のエリック・カントナを主役に起用したサッカーのコマーシャルを参照。https://www.youtube.com/watch?v=egNMC6YfpeE; https://www.youtube.com/watch?v=vdhyp-iYR3s; accessed December 9, 2011）といった世界的なブランドは、遊びのレトリックを使いながら、当の商売領域（コンピュータやスポーツ）において頻繁に持ち出される価値観とは別の価値観に訴えることで、潜在的な顧客の気を引こうとしている。

（7）典型例は、カフェイン入りの栄養ドリンクの宣伝だ。その飲み物は、実際のところは現代のふつうの職場で仕事の能率を上げるためのアイテムなのだが、宣伝上は過激なライフスタイルを誇示するアイテムの姿をとっている。

（8）ここには、近代性に対するフランクフルト学派の考え方があらわれている。Adorno and Horkheimer（2010）を参照。

（9）この遊び心の定義は、ジョセファ・リーバーマン（Lieberman 1977）から着想を得ている。とはいえ、リーバーマンのアプローチは、もっと社会学的で、おそらくゴフマンをはじめとした社会学の理論家に影響を受けている。それに対して、わたしのアプローチは、遊び心あるデザインとパフォーマンス研究の知見が染み込んだものになっている。

（10）この発想は、ギー・ドゥボールのシチュアシオニスト・インターナショナルと、政治的な遊び心への彼らの関心に近い。シチュアシオニスムについてのマッケンジー・ウォークによる優れた概説（Wark 2011）は、この話題を考えるためのよい導入になる。もちろん、すでにドゥボールの「détournement」という概念（Debord and Wolman 2009）になじんでいる読者もいるかもしれない。

（11）労働の魅力と快については、すでにマルクスが経済的な重要性と文化的な重要性の両面から十分に取り上げている。ヘンリックス（Henricks 2006）は、遊びのレンズを通してマルクスを綿密に読解している。ヘンリックスによるマルクス解釈は、形式化された仕事が持つ道具的な快と、そうした快が遊びの快にいかに近いかを理解するのに寄与するだろう。一方、アドルノ（Adorno 2004）は、この手の快に対して反発し、美的なものがわたしたちを自由にすると主張している。当然ながら、このアドルノの議論もまた、そうした快を理解するうえで重要である。

（12）ヘンリックスの議論を参照。「遊び心ある表現は、公的なルーチンからの心地よい逃避あるいは一時休憩として――公式に認められた私的な逸脱として――組み立てられる傾向にある。その意味では、公的な表現からの「逃げ道」もまた、正式の組織によってあらかじめ予測され、準備されている」（Henricks 2006, 106）。

（13）マーケティングと遊び心についての研究やリーバーマンの著作（Lieberman 1977）以外にも、遊び心の概念を取り上げている領域はある。デザイン研究（Gaver 2009; Nam and Kim 2011）、批判理論（Benjamin 1999d; Adorno 2004）、パフォーマンス研究（Schechner 2006）などだ。なお、活動としての遊びという考えは、活動理論（activity theory）が提唱している考えとは直接には関係がない。とはいえ、Kaptelinin and Nardi（2006）からは、とりわけ遊びと遊び心のいずれの実践においても社会文化的・技術的な文脈が重要であるという点に関して、いくつかの着想を得ている。

（14）フレームという概念については、Goffman（1959）を参照している。とはいえ、ヘンリックスが指摘しているように、

「[ゴフマンが言う遊び心」は、社会的なやりとりの流れにしばしば割り込んでくるような、さまざまな種類の想像的な役割演技《ロールプレイ》を主に指している」（Henricks 2006, 164）のであって、遊びの活動とは異なる活動や態度を指しているわけではない。

（15）「[世界による」抵抗」という言い方でわたしが意味しているのは、ある種の態度が物や文脈に向かって誘導されることはよくあるとしても、そうした〔物や文脈といった〕世界のほうがわたしたちの態度を無視することがあるということである。フェアベーク（Verbeek 2006）は、スピードバンプ〔車を減速させるために道路上に設置される隆起物〕とスピードレーダーの例を挙げ、それらがいかにドライバーを腹立たせるかを示している。これらの機械や物は、ドライバーの態度に抵抗する。というのも、ドライバーは、そうした機械に自分の意向を聞き入れさせることがまったくできないからである。遊び心あるデザインは、ある種の駆け引きであり、この抵抗とのダンスである。それは、一方では遊び心を受け入れつつ、他方では望ましい結果をもたらさない行為は拒絶するという二つの方向性のあいだで揺れ動くのである。この種のデザインのアプローチについてヒューマン＝コンピュータ・インタラクションの観点から考察したものとして、Sengers et al.（2005）がある。また、そうしたアプローチがうまくいっていることについて批判的に考察したものとして、Gaver et al.（2009）がある。

（16）この考えは、スポーツの美的な理想像を論じるスポーツの哲学の一部に見られる。Morgan and Meier（1988）を参照。

（17）https://www.wsj.com/articles/SB10001424127887323375204578269991660836834 (accessed October 17, 2013).

（18）わたしは、まさにこの前提を中心にすえたゲームをデザインした。http://deterbold.com/catastrophes/dead-drops/.〔アクセス不可〕

（19）有名なペナルティキックの映像は以下。https://www.youtube.com/watch?v=Bd1Hr96lenI (accessed December 9, 2011).

（20）たとえば、Brown and Duguid（1994）、Newton（2004）、Taylor（2006a）、Turkle（2007）を参照。これらの文献は、それぞれ異なる方法論的な伝統に属しているものの、いずれもテクノロジーと人間の関係に対してある種の批判的な見方を持っている。デザイン研究や科学技術社会論以外だと、ポスト現象学者の文献がテクノロジーと実践の関係についての興味深い洞察を与えてくれる。

(21) http://www.tinkerkit.com/fake-computer-real-violence (accessed February 4, 2013).〔アクセス不可。下記に動画がある。https://matlo.me/fcrv.html.〕

(22) http://accidentalnewsexplorer.com/ (accessed December 10, 2011).〔アクセス不可。下記に説明がある。http://www.brendandawes.com/projects/accidentalnewsexplorer.〕

(23) ダークプレイがあるのと同じくダークな遊び心もあるが、わたしはそれについてこうあるべきだと言うつもりはない。実際のところ、ダークな遊び心は、テクノロジーと行動を通した政治のひとつの興味深いあり方だろう。たとえば、Billboard Liberation Front によってビルボードが遊び心あるやり方で使われたケース（http://www.billboardliberation.com/, accessed December 10, 2011）や、バンクシーの作品の多くがそうである。バンクシーの作品は、写真記録ではあまりわからないだろうが、かなり文脈に依存している。たとえば、パレスチナのガザ地区にある作品など（http://arts.guardian.co.uk/pictures/0,,1543331,00.html, accessed December 10, 2011〔サイトはあるが、写真はなくなっている〕）。

(24) http://www.stfj.net/art/2009/best%20day%20ever/ (accessed December 10, 2011).

(25) この考えは、ゴフマンの理論にいくらか近いものがある。「ゴフマンは、遊びとゲームを連続したものだと考えている。遊びは、典型的には、なんらかの日常的な活動を一時的に変形したものである。日常的な物は突然「遊び道具」になり、そしてすぐさま放棄される」（Henricks 2006, 165）。わたしがここで主張したいのは、遊びとゲームの連続性ではなく、ゲームを遊びのための小道具として（あるいはもっとも弱い意味で遊びの形式として）理解するということである。そういうわけで、ゴフマンの洞察は一部だけ有益である。

(26) http://www.doodlebuzz.com/ (accessed December 10, 2011).〔アクセス不可。下記に説明がある。http://www.brendandawes.com/projects/doodlebuzz.〕

(27) 「再多義化」という概念は、ゼバスティアン・メーリングに借りた。

(28) ちなみに、そうした遊びに使われる文脈は、空間が遊びに乗っ取られるケースのように、遊びのために変更された文脈の場合もある。たとえば、コペンハーゲンIT大学にあるテーブルサッカー台を中心とした空間は、しばしば休み時間に、激しい戦いが行われる即興の競技場に変わる。このケースでは、大学の公共空間という文脈が、遊びの活動のための場に変えられているわけである。

(29) たとえば、アップルのプレゼンテーション・ソフトウェアKeynoteの初期バージョンと、同時期に利用可能だったマイクロソフトのPowerPointのバージョンを比較するとわかりやすい。アップルは、アニメーションや画像や映像に重点を置き、またデザインやタイポグラフィに気を使っていた。結果として、Keynoteは、PowerPointよりもはるかに遊び心あるプレゼンテーション・ソフトウェアだった。

(30) http://www.liveplasma.com/.

(31) http://www.twittearth.com/.〔アクセス不可〕

(32) https://julianoliver.com/output/packet-garden.

(33) http://newstweek.com/.

(34) https://www.wikihow.com/Make-Moss-Graffiti.

(35) ここでわたしは、Dreyfuss（2003）やPye（1978）といった古典的なデザイン研究を想定している。ノーマンの『日常的な物のデザイン』（Norman 2002）もまた、機能主義的な考え方をユーザビリティの観点からとらえなおしたものであり、それゆえここで想定している伝統に属している。

(36) もちろん、これには商売上の利点があるかもしれない。個人化の余地のない家庭用品のほうが、買い替えのサイクルが早くなるだろうからだ。

(37) 「人はシステムを流用し、再解釈して、自分だけの使い方や意味を作り出す。そうした使い方や意味は、しばしば当のデザインが想定しているものに反し、結果として集団の内外で互いにばらばらの使い方や意味が生まれる」（Sengers and Gaver 2006, 3）。

(38) つまり、遊び心あるシステムは機能を保証しない。「解釈に開かれたシステムというのは、考えられるかぎりのニッチなユーザーにあわせて作られたものというわけではない。むしろそれは、ひとつのシステムでありながら、多くのやり方で世界を経験したりそのなかで行為したりすることを支援できるようなものである」（Sengers and Gaver 2006, 3）。

(39) 「現代のテクノロジーは、それが正確で厳密で信頼できるものだということをしばしばぼんやりほのめかしている。

結果として、ユーザーは、そのシステムによるはっきりした解釈（たとえば、それが集めたり表示したりするデータ）が、ユーザー自身の理解よりも正確にちがいないと思うことになる」（Sengers and Gaver 2006, 6）。

（40）これは、アンソニー・ダン（Dunne 2006）のユーザー・アンフレンドリーという概念の背後にある考えである。

（41）ウィリアム・ゲイヴァーら（Gaver et al. 2004）は、このことをよりうまい言い方で説明している。彼らによれば、遊び心あるテクノロジーは、「好奇心を促進し」、「外的な目標を追い求めることに重点を置くのをやめ」、「開放性と多義性を維持し」、「社会的な活動への積極的な参加をサポートし」、「日々の実利的な活動のうちにふざけた事柄をさしはさむことを可能にする」。

（42）わたしはこの言い方が〔遊び心のあるテクノロジーを実際に作っている人々に対する〕とげのある批判に聞こえるかもしれないのを自覚しているが、そこに論じるべき問題があるのもたしかである。もちろん、遊び心あるデザインという考えは重要だし、その推進者たちによれば、それは近年のデザイン業界において実際に成功している。しかし、その思想と、その具体的な実装と、その実際の存在感――わたしたちの日々のテクノロジーの利用における先鋭的な遊び心あるテクノロジーの存在感――のあいだには、まだ少なからず食いちがいがある。遊び心あるデザインがゲイヴァー（Gaver 2009）が言う意味で成功するためには、いまよりももっと多くのテクノロジーにそれが見られるようにならなければならない。たしかにわたしたちは、テクノロジーがより遊び心ある方向へ移行しつつあるのを目のあたりにしている。しかし、機関的なゲートキーパーの役割とその存在感は、多義性を重視するデザインが広まるのを妨害している。

（43）ダンの作品は、革新的で面白いものだが、それでもまだアートギャラリーのなかで実現しているにすぎない。興味深いことだが、ゲイヴァーとダンが開発した文化調査の方法は、実際のところ、IDEOのような遊び心あるデザインの会社ではまったくポピュラーな方法である。

（44）Siriによる面白い回答の多くは、ブログ「Shit Siri Says」にまとめられている（http://shitsirisays.com/, accessed December 12, 2011）。より興味深く、かつ政治的に重要なのは、バグのおかげでSiriが中絶クリニックへの経路を教えなかったという話である（https://www.cbsnews.com/news/siris-abortion-answers-are-a-glitch-says-apple/, accessed December 12, 2011）。

Winner（1986）、Latour（1992）、Verbeek（2006）などは、このようにデザインに政治が組み込まれていることを説明するための興味深い視点を提供している。

（45）とはいえ、これにも明白に商売上の事情がある。Siriを搭載したアップル製品を廃棄しようとすると、わたしたちはどうしても自分が実際にSiriを見捨てると思ってしまうだろう。そういうわけで、この遊び心あるガイドに個人的な愛着を持たせるということは、けた外れのマーケティングツールになる。そのおかげでユーザーは、感情に引っぱられて、そのプラットフォームを見捨てることができなくなってしまうのだ。

訳注

＊1　チップキック（ボールをふわりと浮かせるように蹴る）でＰＫを決めた例として有名。その後「パネンカ」はチップキックによるＰＫ一般を指す語になっている。

＊2　4chanは英語圏のユーザーを主にした画像掲示板群。二〇〇三年に日本の画像掲示板群「ふたば☆ちゃんねる」を模して作られた。2ちゃんねるがそうであったのと同じく、インターネット上の各種運動の舞台にしばしばなる。

＊3　スプレー塗料のかわりに生きているコケを使うグラフィティ。

＊4　ここで「デザイン」という言葉で想定されているのは、グラフィックデザインではなく、基本的にプロダクトデザイン、とくにデジタルテクノロジーを使ったプロダクトデザインのようだ。結果的に、以下の段落では「遊び心のあるデザイン」と「遊び心のあるテクノロジー」がほとんど交換可能な言葉として使われる。もちろん、一般にプロダクトデザインは、物をデザインすると同時にそれを通してそのユーザーの認知や行動をデザインするものでもある。

＊5　実用を一切考えず、明確な目標を立てずに興味本位で行われる研究のこと。

＊6　「人生の意味とは何か」というユーザーの問いかけに対してSiriが「42」と答えている。元ネタは、ダグラス・アダムスのラジオドラマ／小説『銀河ヒッチハイク・ガイド』。スーパーコンピュータ「ディープ・ソート」が七五〇万年かけて計算した「生命、宇宙、そして万物についての究極の疑問の答え」が「42」である。

原註

（1）サットン＝スミス（Sutton-Smith 1986）はおもちゃを論じた本を一冊書いているものの、そのほかの主な遊び論者——ホイジンガからデコヴンまで——は、もっぱら遊びの形式としてのゲームに注目するのみで、おもちゃにほとんど注意を払ってこなかった。皮肉なことに、遊びの文脈におけるおもちゃの文化的な役割の重要さを取り上げてきたのは、批判理論（Benjamin 1999a; 1999b; 1999c）や文学理論（Stewart 1993）の論者たちである。

（2）この章の着想源である三つのテキスト（Sutton-Smith 1986; Benjamin 1999a; Stewart 1993）は、どれもあいまいな仕方でしかおもちゃを定義していない。「遊び」もそうだが、「おもちゃ」という語は日常会話でよく使われるものであり、結果として定義するのが難しく、また逆説的に定義が自明でもある。わたしたちは、おもちゃとは何かを直感的にわかっているのだ。それゆえこの章では、「おもちゃ」の形式的な定義を提示することはせず、このあいまいさを維持することにしたい。とはいえ、一点だけ限定しておくと、この章では、おもちゃを文化的な観点と技術的な観点の両面から記述することになる。

（3）この章の着想源となったテキストの著者たち（ヴァルター・ベンヤミン、ブライアン・サットン＝スミス、スーザン・スチュアート）は、遊びの物質性をほとんど問題にしていない。ベンヤミンの議論には興味深い洞察が見られるものの、その大部分は、物としてのおもちゃに注意を向けたものではないのだ。しかし、おもちゃを遊びの生態系に位置づけるには、まさにおもちゃの物質性——それは遊び道具としてどのように働くか——が根本的に重要になる。わたしが本書で提唱している遊びのポータブル説は、物の文化的な役割だけでなく、物の「物性（thingness）」にも注意を向ける必要がある。そういうわけで、おもちゃが遊び道具になる物質的な条件に注目するという点で、この章の議論はベンヤミンやサットン＝スミスやスチュアートの議論とは異なる。

（4）http://o--o.jp/.〔アクセス不可〕

（5）https://danieldisselkoen.nl/man-eater/ (accessed February 5, 2013).

（6）畏敬の念をもって模型の鉄道や『SimCity』に向かい合ったことがある人なら誰でも、この種の機械的なおもちゃがどんなに魅力的な装置かをよく知っているだろう。それらは、わたしたちの物理世界の法則を適度にスケールダウンした法則にしたがって作動しているらしき、不思議で小さな世界である。スチュアートの言い方を借りれば、「おもちゃの世界は、日常生活の世界を投影する。現実の世界は、物質と意味の関係を確かめながら形を変えるといったやり方で、〔おもちゃとして〕小型化され、あるいは巨大化される。わたしたちが機械的なおもちゃにわくわくどきどきするのは、それが自己喚起的（self-invoking）なフィクションを提示するから――つまり、人間による意味作用のプロセスとは独立に存在するフィクションを提示するからである」（Stewart 1993, 57）。

（7）ここで持ち出しているのは、ジャネット・マレー（Murray 1998）とイアン・ボゴスト（Bogost 2007）によって導入されたものとしてのプロシージャル性（procedurality）という概念である。〔訳者註：マレーとボゴストのいずれも、一連のルールとその実行によって要素や記号が生み出される（それゆえそれによって生み出されるものがケースによって異なりうる）という特徴を「プロシージャル性」と呼んでいる。〕この概念は、ある種のおもちゃがさまざまなプロセス――鉄道、都市、蒸気機関など――を異なるスケールで再現するために作られているということを説明する。「シミュレーション」や「シミュラークル」をはじめとした負荷の大きい複雑な用語を使うかわりに「プロシージャル性」を使うことで、プロシージャルなおもちゃが想定された〔再現対象の〕プロセスの集まりをもとに作られる――そしてそうしたプロセスが当のおもちゃを定義する――ということや、プロシージャルなおもちゃは人間がいなくても動作する場合がたまにあるといったことに注意を向けることができる。模型のおもちゃや、『The Sims』や『SimCity』のようなソフトウエア・トイは、このプロシージャルなおもちゃというカテゴリーに属する。

（8）古典的なデザイン研究の用語で言えば、プロシージャルなおもちゃが作り出す魅力は、それがいかにシステムイメージをあいまいにしているかという点で説明できる。〔訳者註：「システムイメージ」は物それ自体によって伝えられるその物についての情報のこと。それをもとにユーザーが構築するその物についてのイメージが「ユーザーモデル」と呼ばれる。〕システムイメージがあいまいであることによって、ユーザーがそれを再構築することが遊び心あるプロセスになる。言い換えれば、ユーザーイメージを作ること自体が遊びのプロセスになる。Norman（2002）を参照。

（9）「おもちゃは、科学的には、現代の物の現実をあらわす物の表意文字の集まりとして考えることができる」（Sutton-Smith 1986, 243）。そして「わたしたちは、次のことを理解する必要がある。どんなタイプの遊びをする場合でも、プレイヤーがおもちゃを自分好みのやり方で扱えるのは、部分的にはおもちゃが図式的で親しみのもてるシグナルだからである」（Sutton-Smith 1986, 250）。

（10）http://www.flong.com/projects/yellowtail/ (accessed February 5, 2013).

（11）この歴史のスケッチは、Benjamin（1999b）を参照。

（12）サットン＝スミスによれば、「近代的なおもちゃの概念の発展は、一五五〇年から一七五〇年までのあいだにまず生じた。それは、産業機械という新しい概念によって、世界のあり方が変わり始めた時代だった」（Sutton-Smith 1986, 58）。そして、「近代的なおもちゃは、世界を計画的に設計するということの楽観的な科学観を象徴的に受け継いだものとして理解することができる。おもちゃは、ほかのミニチュアと同じく、その小ささによって、世界の人々にとっての主要な「科学」が何千年ものあいだ大きいものの科学――マクロコスモスの科学、天文学――だったという事実からの脱却をあらわした」（Sutton-Smith 1986, 59）。

（13）ベンヤミンによれば、「もしかするとここには、ドイツ語の「Spielen」が持つ二つの意味（「遊ぶ」と「演じる」）の根っこを説明するものがあるかもしれない。つまり、同じことを繰り返すというのが、どちらの意味にも共通しているのだ。「かのようにふるまう」ではなく「繰り返し何度も同じことをやる」ということ。このうえなく心を揺さぶる経験がただの習慣へと転じること。それが遊びの本質である」（Benjamin 1999c, 120）。遊びの本質は反復であるという考えは、アドルノの『美の理論』（Adorno 2004）のなかでも強烈に響いている。

（14）この「型にはまった（formalized）」は、ゲームは遊びの形式（form）であるというホイジンガ的な意味においてである。ゲームは遊びの形式であるという考えは、カイヨワ（Caillois）も繰り返し述べているし、儀式と遊びを結びつけるシェクナーの遊び観（Schechner 1988）にもあらわれている。繰り返しになるが、そのように形式化された遊びを重視する考えの主な問題は、それが遊びの形式を構成する物質的な要素――遊びの物理的なインスタンス化――に関心を払っていないという点にある。わたしは、おもちゃに焦点をあわせることでこの問題を回避し、遊びがどのようにして実際に物のうちに物質化されるのかを記述したい。そうした物は、形式化された遊びそのものではなく、形式化された遊びのために使えるものである。

（15）これはつまり、おもちゃが、ある種の遊びのふるまいをうながすように位置づけられた記号表現・アフォーダンス・制約の集まりにすぎないということだ。おもちゃの意味は、そのデザインのうちにあるものではなく、それの使われ方のうちに——あるいは、それを使って遊ぶという行為のなかでそのデザインが実現されるあり方のうちに——ある。

（16）あるいは、サットン＝スミス（Sutton-Smith 1986）であれば、おもちゃは遊びのさまざまなレトリックのための道具だと言うだろう。スーツ（Suits 2005）は、さまざまなタイプの遊びを取り上げ、遊びの活動に参加するのに何が必要か——とくに、不必要な挑戦課題を作るものとしてのゲームという考え——を論じている。

（17）この点で、わたしはベンヤミンの考えをそのままなぞっている。ベンヤミンによれば、ある種のおもちゃが提供する自由さは、遊びのポジティブな側面をもたらすがゆえに、よいものである。「ふつうの意味で魅力的であればあるほど、おもちゃは本当の遊び道具からは遠ざかる。そして、模倣に依拠すればするほど、おもちゃは本当の生き生きとした遊びからわたしたちを遠ざけてしまう」（Benjamin 1999b, 115–116）。

（18）サットン＝スミスによれば、「おもちゃは、現代の世界において人が成長するのに必要不可欠な孤立という状態のモデルである。ミニチュアがそうであるのとちょうど同じように、おもちゃは、それを取り巻く世界——ある意味でおもちゃが表象する世界——から抽出される。結果として、成長過程にある子どもは〔おもちゃを通じて〕まわりの世界から自分自身を抽出することを学ぶことになる」（Sutton-Smith 1986, 24）。

（19）この物質志向の思考は、技術についてのハイデガーの考え、とくに「技術への問い」で表現されている考えに近い。http://www.wright.edu/cola/Dept/PHL/Class/P.Internet/PITexts/QCT.html, accessed December 12, 2011.〔アクセス不可〕

（20）「たしかに遊びはいつも人を自由にする。巨人の世界に囲まれながらも、子どもたちは、遊びを使って自分たちのサイズにあう世界を作り出す。一方の大人は、逃げ場のない現実の世界に脅かされながらも、小さく切り詰めた世界のイメージで遊ぶことによって、世界から受けたダメージを取り除く」（Benjamin 1999a, 100）。

（21）ここでの「側面（dimension）」の概念は、プロトタイプを記述するために導入されたLim, Stolterman, and Tenenberg

（2008）の用語を解釈したものだ。この意味で、おもちゃは、ゲーム（とくにビデオゲーム）のプロトタイプ制作について考えるうえで優れた観点になると思われる。というのも、ゲームのプロトタイプ制作は、プロトタイプ理論を使って記述できるからだ。別の言い方をすれば、ゲームのプロトタイプを作るに際して、おもちゃはさまざまなデザイン空間を探るための自然な出発点になる。

（22）ここでは、ゲームは遊びの唯一の形式ではない――もっと言えば、支配的な形式ですらない――という事実、および、おもちゃとその物質性は、遊びを理解するうえでほかの遊びの形式と同じ程度に重要であるという事実を念頭に置いている。

（23）http://www.generativemusic.com/ (accessed December 12, 2011).

（24）アフォーダンス、記号表現、制約は、デザインプロセスの一部である。それらは、そのプロセスのなかで意識的に組み立てられる。ここでいうフィルターは、意識的に作られる場合もあるかもしれないが、プレイヤーが遊び心をもって物とやりとりしているうちに「発見」する場合もあるかもしれない。わたしはここで、デザインに関する規範的な姿勢からなるべく距離をとっている。というのも、ゲームやおもちゃのデザインにおいては、物はどのように活動をフィルタリングするのかという問いは、概念化の過程のあいだつねに問い続けるべき生産的な問いだろうからだ。

（25）この事実はプロスポーツに影響を与えている。サッカーのワールドカップでは、大会のたびに新しいボールが作られ、そのたびにそれ以前よりも完全な球体にされる。そして、ワールドカップでは、大会のたびに選手が文句を言う。新しいボールが以前のボールとは「別のふるまい」をするせいで試合に影響が出る、というわけだ。

（26）http://vectorpark.com/levers/ (accessed December 12, 2011).

（27）1章で述べたように、本書は遊びについてのロマン主義的な見方を提唱している。この見方は「人は遊んでいるときだけ完全に人間になる」というシラー（Schiller 1988）の有名な見解に後押しされたものだ。本書の導入部分で、遊びに対するわたしのアプローチにいくつか問題があることに触れたが、これについては8章でふたたび取り上げる。

＊1　高橋慶太の『のびのびBOY』はもともと二〇〇九年にPlayStation 3用に発売されたビデオゲーム作品だが、ここで言及されているのは二〇一〇年に発売されたｉＯＳ版。

＊2　原註5のリンク先の動画を見れば一目瞭然だが、本文だけだとどんな遊びが成立するかがわかりづらいと思われるので補足しておく。怪獣のステッカーは、ルール説明のステッカーとともに、バスや路面電車の座席の窓に貼られる。その座席に座った人が外を見ると、透明な窓に貼られた怪獣のステッカーと窓のむこうを歩いている通行人が重なるかたちになる。そして、うまい具合にちょうど怪獣の口が通行人の頭に重なればポイント獲得、という遊びである。

＊3　原文はもう少しシンプルに書いてあるが、そのまま訳すとポイントがわかりづらいので文章を大幅に補った。

＊4　訳には明確に反映していないが、ここでは明らかに形式／質料（form/matter）という対概念が想定されている。シカールは遊びの質料としてのおもちゃを重視しているわけだが、それは形式化された遊びとしてのゲームに焦点をあわせてきた従来の遊戯論へのアンチテーゼになっている。原註14も参照。

＊5　原語はシンプルに「technologies for or of play」だが、前段落の記述を踏まえてこのように訳す。「technology for play」は「遊びに使う道具」としての性格を、「technology of play」は「遊びの物質化」としての性格をそれぞれ指すものとして解釈する。

＊6　動詞の「filter」はカタカナで「フィルタリングする」と訳してあるが、文字通り「ろ過する」のほうがニュアンスが近いかもしれない。「遊びの文脈（の諸要素）をフィルタリング＝ろ過する」という言い方は、当の状況において遊びに関係のないものを除外し、遊びに関係のあるものだけを抽出するというニュアンスで使われている。

＊7　ドナルド・ノーマン（初期）のアフォーダンス概念にもとづいた言い方。ノーマンによれば、物のデザイン（ＵＩ）は、それを使って何ができるかをユーザーに伝えることができる。このデザインを通した行為可能性の伝達・知覚が「アフォーダンス」と呼ばれる。たとえば、引き出しやドアノブのデザインは、それらの使い方についてアフォードしている。

＊8　原文の文意がきわめてとりづらい箇所なので、整合的に理解できるように大幅な補足を入れた。本文だけではポイントがわかりづらいと思われるので、この段落前後の議論の流れを簡単にまとめておく。シカールによれば、遊びの文

脈をフィルタリングするというおもちゃの機能のあり方だけを考えるかぎりは、その物質的な組成を気にする必要がない。それはあくまでプレイヤーの行動にとっておもちゃがどのような機能を持つかという問題だからだ。一方で、そうした機能をおもちゃはどのように実現しているのか、プレイヤーはおもちゃを使って遊ぶときに実際にどんな経験をするのか、おもちゃはプレイヤーの感情や記憶とどのように結びついているのか、といったことを考える場合は、おもちゃの物質的な組成（つまり「具現化の側面」）を気にする必要が出てくる。

Chapter 4

原註

（1）ここで言及しているのは「サンタマリア島とイースター島」という遊び場である。http://monstrum.dk/project/santa-maria-og-paaskeoerne/.

（2）http://monstrum.dk.

（3）冒険遊び場は、もともとカール・テオドール・ソーレンセンが提示した考えである。その考えは、のちにアレン・オブ・ハートウッド卿夫人の主導のもとにイギリスに導入された。「冒険遊び場」という語についての現代の理解は、ハートウッド卿夫人のそれに由来する。ロイ・コズラウスキー（Kozlovsky 2008）は、冒険遊び場についてすぐれた批判的歴史を書いている。

（4）スーザン・ソロモン（Solomon 2005）は、アメリカの遊び場の陳腐さとそれを創造的な社会空間として再生しようという近年の試みについて、説得力のある説明を提示している。

（5）たとえば、Seitinger et al.（2006）、Lentini and Decortis（2010）、Wilhemsson（2006）を参照。

（6）コンピュータによって強化された遊びの環境に関して、学術的な意味でまず読むべき文献は、Soute, Markopoulos, and Magielse（2010）である。さらに、プレイ・アライブ（https://playalive.dk/）やクリエイティブ・プレイシング（https://www.creativeplaythings.com/）などの遊び場デザイナーの作品を見ることもおすすめする。この種の遊び場はテクノロジーによって強化されたものだが、そのテクノロジーは、遊び場のなかでなされる行動を監視しつつ注意深く誘導するために使われている。それゆえ、この種の遊び場は、古典的な遊び場——テクノロジー以外の点ではより開放的な空間——と比べるかぎりは、遊びをもっと管理しようとする規範的な傾向の事例になる。

(7) 冒険遊び場は、クリストファー・アレグザンダーらの『パタン・ランゲージ』(Alexander et al. 1997, nr. 73) におけるパターンのひとつであることを注記しておく。

(8) コズラウスキー (Kozlovsky 2008) は、監視社会《パノプティシズム》的なデザインと並べながら、遊び場のデザインについてのこうした批判的な解釈を提示している。

(9) モンストロムの遊び場以外の良い例としては、ベルリンにあるマウント・ミッテ遊び場がある。これは大人向けにめまいの経験を提供する遊び場だ。http://mountmitte.de (accessed February 5, 2013).

(10) とはいえ、それは建築学だけの問題というわけでもない。アレグザンダーのような建築家ですら、『パタン・ランゲージ』のなかで次のように述べている。「想像力の役割を妨げ弱めて、子どもを受動的にし、他人の想像力の受け手にしてしまうような遊び場は、どんなに上品で、清潔で、安全で、健康に見えようとも、遊び本来の基本的な要求は満たせない」(Alexander et al. 1997, 368)。

(11) ソロモン (Solomon 2005) は、この件に関してもアメリカの事例についてのすぐれた概観を提供している。それによれば、あからさまに保護的な安全規制によって、遊び場が子どもにとって退屈な空間に変わってしまったという。

(12) スケートボードおよびそれと都市空間や都市型スポーツの関係についてのすぐれた解説は、Dumas and Laforest (2008) を参照。

(13) パルクールと空間に関する文献はかなりいろいろある。アーバニズムとパルクールの関係について深く分析している文献として以下を推奨する。O'Grady (2012); Geyh (2006); Mould (2009); Bavinton (2007); Rawlinson and Guaralda (2011); Waern, Balan, and Nevelsteen (2012).

(14) 空間とゲームの関係についての包括的な議論は、Nitsche (2008) を参照。

(15) 面白いことに、『SimCiry 3000』のプレイヤーであるヴィンセント・オカスラは、そのゲームが「クリア」可能だと主張し、証拠として全体主義都市マグナサンティの人口を六〇〇万人にする動画を投稿している。https://www.youtube.com/watch?v=NTJQTc-TqpU; https://www.vice.com/en_us/article/4w4kg3/the-totalitarian-buddhist-who-beat-sim-city.

（16）http://twistedtreegames.com/proteus/. ついでに言えば、二〇一三年一月三〇日にリリースされた『Proteus』は、ゲーミング・コミュニティにおいて多少の波紋を引き起こした。というのも、それは伝統的・保守的なゲームの定義に当てはまらないからだ。わたしから見れば、『Proteus』は、人がそれを使って遊ぶ物であり、かつ、人がそのなかで遊ぶ空間である。それゆえ、それはゲームであると言ってもいいだろう。また、それは遊び場であるとも言えるし、さらにはおもちゃであるとも言える。重要なのは、その存在論的な性格ではなく、わたしたちがそれを使って何をするかである。

訳註

＊1　原語は「legeplads」。デンマーク語で「leg」は遊び、「plads」は場所を指す。

＊2　スケートパークは、スケーター（スケートボードやローラースケートをする人）のためにジャンプ台などの構造物が設置された施設。

＊3　都合上この章の「prop」はすべて「遊具」と訳すが、「設備」「備品」などと訳した方が自然なケースもある。いずれにせよ、公園の遊具であれサッカー場のゴールであれ、当の空間に備えつけられた物体をまとめて指す語として使われている。

＊4　『Doom』と『Medal of Honor』はともにFPS（一人称視点シューティングゲーム）の古典。ここでわざわざFPS作品を並べている意図は不明だが、文脈上FPSである必然性はとくにないように思われる。おそらくいずれも、後続のサンドボックスと対比させるために、非サンドボックスの例として持ち出されている。

＊5　「レベルデザイン」はビデオゲームにおける空間設計を指す（日本語における誤用はいまだに多いが、難易度設計のことではない）。この箇所のポイントは、ビデオゲームにおける空間設計がもっぱらゲーム空間のデザインに意識を向けるものが多く、遊び空間のデザインに意識を向けるものはあまりないという点にある。

＊6 「オープンワールド」とも呼ばれるビデオゲームの一ジャンル。ジャンルの特徴は本文にある通り。「サンドボックス」は文字通りには砂場――遊び場の一種――を意味する。

＊7 「可能性の空間」は、ケイティ・サレンとエリック・ジマーマンの『ルールズ・オブ・プレイ』からの用語。サレンとジマーマンによる特徴づけはあいまいだが、おおよそ〈あるゲームにおいて、プレイヤーが潜在的に遂行可能なすべての行為の総体〉または〈あるゲームにおいて、潜在的に発生可能なすべての状態の総体〉を指すと考えてよい。いずれにせよ文字通りの意味での空間ではなく、可能性の広がりの比喩としての空間である。

＊8 原文をそのまま訳すと文意がとりづらいため、構文を一部変えるとともに内容をいくらか補った。

＊9 3章で論じられた、物としての遊び道具を中心にして遊びの生態系を理解するという立場を指していると思われる。

＊10 原語は「emotional prop」。「心の支え」に相当する用法もあるが、ここでは感情が比喩的に遊具になぞらえられているため「感情の遊具」と訳す。「感情の遊具」で満たされるべく設計されている遊び場が「感情の遊び場」である。

Chapter 5

原註

（1） この章を通して述べることになるが、芸術と美的なものは同じものではない。アーサー・ダントーは次のように述べている。「存在論的には、美的なものは芸術にとって本質的ではないが、レトリカルに言えば、それは芸術の中心にある。芸術家は、美的なものを使って、受け手の態度を変えさせたり強固にしたりするのである。それは、受け手を静かに深く感じ入る気分にさせるということではない――もちろん、そのような［伝統的な美学における］美的観照という考えは、美的なものという概念をハイジャックする傾向にあったわけだが」（Danto 2009, 116）。Jansen, O'Connor, and Halsall（2009）も参照。

（2） 面白いことに、小説の歴史は、『ドン・キホーテ』や『トリストラム・シャンディ』に見られるように、遊び心あるかたちで始まった。小説がもっとまじめなものになったのは、十九世紀以降である。ということは、ゲームやおもちやも今後同じ道をたどって「まじめ《シリアス》」なものにされ、地位が上がるのだろうか。そしてそうなったときに、わたしたちは何を失うことになるのだろうか。

（3）遊びと二十世紀の前衛芸術――とくにフルクサスとシチュアシオニスト・インターナショナルの時期――の関係は、とりわけ興味深いものだ。この歴史についての参考文献としては、Flanagan（2009）がある。また、Friedman（1998）とKnabb（2007）も非常に面白い。

（4）たとえば、クリスティン・スタイルズは、フルクサスと遊びとユーモアについて次のように考察している。「驚くべき発見と解放の感覚に満ちたフルクサスのユーモアは、自由をもたらしてくれる。それは遊んだり怠けたりする自由であり、遊びを美的な癖として（つまり自分のブランドとして）価値づける自由であり、さらには理性や美学を投げ捨ててただただ存在する自由である」（Stiles 2007, 57）。

（5）スタイルズは、フルクサスについて言及するなかで、この考えをより正確に要約している。「本当に十分に怠けるためには、西洋的なエゴと認識論に深く染みついた目的の道具性を捨て去る必要がある」（Stiles 2007, 52）。

（6）もちろん、遊びの美を理解することは、芸術や芸術作品の理解にいくらか寄与するだろう。この考えは、デイヴィッド・ヒッキーに負っている。「アート作品を、実際にあるがままのものとして考えるとどうなるか。それは取るに足らない物体、いかなる内在的な価値も持たない物体でしかない。それは、複雑な社会化のプロセスを通してはじめて価値を獲得するのである。そこでは、現在進行形でなされる一連の投資――個人やギャラリー、ジャーナリズムや機関による投資――によって、一部のアート作品に権威が与えられる。そうした投資はすべて、作品そのものにとって――さらにはその作品のうちに具体化されているであろういかなる意図にとっても――完全に外在的なものである」（Hickey 2007, 119）。

（7）最近、カーチャ・クワステク（Kwastek 2013）は、遊びと美的なものの関係を非常に興味深いかたちでまとめている。クワステクによれば、芸術研究とくにデジタル美学において古典的な遊び論を利用しようとすると、多くの問題が生じる。とはいえ、クワステクは、インタラクティブなデジタルアートの美的経験を理解するために遊びが基礎的な概念になることは認めている。クワステクの著作の遊びの美的経験についての章は、本書と並べて読むのをおすすめする。というのも、クワステクが指摘している解釈に関する問題のいくつかは、本書ですでに解決済みだからだ。

（8）たとえば以下を参照。「ボールゲームの偉大な瞬間においてわたしたちが楽しんでいるのは、そのゴールでもタッチダウンでもホームランでもスラムダンクでもない。わたしたちが楽しんでいるのは、その得点以前にすでに一定の形式をとっている美しい個人的なプレイである。〔……〕形式とは、その部分を除くあらゆるものから明確に区別されたかたちでそれ自身をわたしたちの感覚と経験に提示する能力を持った、任意の現象である。しかし、美しいプレイは、たんなる形式以上のものである。それは形式のひらめき《エピファニー》なのだ。美しいプレイは、時間と空間のなかで複数のアスリートの身体が突然驚くべきあり方で収斂することによって生み出される」（Gumbrecht 2006, 189–190）。

（9）たとえば、ジョアンナ・ドラッカーは、美学とコンピュータの関係について興味深い考え方を示している。「美学の役割は、いろいろな知識の形式が解釈を誘発する方法をわかりやすく照らし出すことだ。デジタルな人工物の操作と制作に関わる道具的なアプリケーションは、コンピュータ環境の形式的な論理によって妥当性確認《バリデート》される。そうだとすると、想像的な遊びは、その論理が知識とその形式に対して全体化の権威を行使することがないようにするために決定的に重要である。わたしの考えでは、美学は、美的な人工物——伝統的な意味での芸術作品——の中心にある主観性の価値を主張し、主観性を知識生産の中核に位置づけることを可能にしてくれるものである」（Drucker 2009, xiii）。

（10）Bourriaud（2002）を参照。

（11）Kester（2004; 2011）を参照。

（12）Bishop（2004; 2009; 2012）を参照。

（13）Kaprow（2003）を参照。

（14）もちろん、遊びを美しいものにしているのは、一瞬の出来事ではなく、当のプロセスの味わいである。「得点は、対戦相手を倒したということを定義し、明確化するものとして機能する。それは個々のプレイの完全性を判定するのを助け、同時にそれによって当の試合全体の形式を判定するのを助ける。得点は、わたしたちのスポーツ経験にひとつの閉合《クロージャ》——しばしば日常生活に欠けているもの——をもたらす。〔……〕とはいえ、結果を味わうには、その結果をそれに先行する出来事の充足として見る必要がある」（Kupfer 1988, 462–463）。

（15）サルトルもこれには同意するだろう。「とはいえ、スポーツのうちには、つねにひとつの我有化的な成分がある。〔訳者註：「我有化的」の原語は「appropriative」だが、これはサルトル哲学のキータームなので、「流用的」ではなく定訳にならう。〕実際のところ、スポーツは、世界の環境を、当の行為を補助する要素に自由に変えてしまうことである。結果として、スポーツは芸術と同様に創造的なものになる」（Sartre 1988, 170）。

（16）ただし、勝つことそのものことが目標と見なされる場合には、つねに倫理的な問題がある。Hardman et al.（1996）あるいはFeezell（2006）を参照。

（17）この点では、わたしの考えは、遊びと芸術——少なくともアドルノが特権化した高尚な芸術（モダニズム的な表現）——が互いに対立するものかもしれないというアドルノの考えに近い。「芸術における遊びは最初から規律的なものであり、模倣の儀式にもとから備わる表現の禁止を実現する。芸術がただ遊ぶだけでは、表現の痕跡はまったく残らない」（Adorno 2004, 400）。

（18）http://doougle.net/projects/mega-girp.html (accessed February 6, 2013).

（19）これは物が重要ではないということではない。物は——その役割の大半は遊びの経験のファシリテーターではあるが——たしかに遊びの生態系を構成する要素として重要である。「美的対象は、その経験を通じて反省の余地を作り出す。美的対象は、消費文化の特質である製品としての物、そしてそれ自体としての物のまとまりを崩すのだ。この作用は、その対象が持つ概念的な構造とその具体化によって——観念と表現のあいだの遊びのうちで——生まれる。美的対象は単純な場合も複雑な場合もあるが、いずれにしてもそれは、登録簿のようなかたちで観念の歴史的な連続性のうちに位置づけられる。そしてそれは、いかなるときにも、芸術とは何か、何が芸術になりえるのか、何を、そしてどんな方法で、表現することが可能なのか、といった議論を行っている」（Drucker 2009, 180）。

（20）Bourriaud（2002）を参照。また、より辛辣な解説としてYoungman（2011）を参照。

（21）ブリオーの記述の一例を引いておく。「アート作品を見るとき、わたしたちが最初に自問すべき問いはこうだ。この作品は、それに向かい合って存在する機会をわたしに与えているのだろうか。それとも反対に、その作品は、主体としてのわたしを否定しているのだろうか――つまり、その作品の構造のうちに大文字の他者を見てとることを拒絶しているのだろうか。この作品によって示唆あるいは記述されている時空間的な要因は、それを支配する法則と一緒になって、現実生活上のわたしの願望と合致するのだろうか。その作品は、批判可能だと見なされたものを批判しているのだろうか。わたしは、この現実に対応する時空間的な構造のなかで、はたして生きることができるのだろうか」(Bourriaud 2002, 57)。

(22) この作品の説明は以下を参照。https://www.moma.org/collection/works/147206 (accessed February 6, 2013).

(23) http://gameovenstudios.com/fingle/.

(24) ニンジャの起源と歴史ははっきりしない。標準的なルール説明は以下を参照。http://ultimateninjacombat.com (accessed February 6, 2013).

(25) http://www.precise-ambiguities.net (accessed February 6, 2013).

(26) この問題は、クレア・ビショップによって短くまとめられている。たとえば以下の部分を参照。「さしあたり、ここでは次のことを確認しておく必要がある。すなわち、イメージをひとつの社会関係と見なすことから、あるアート作品の構造が社会関係を産出するというブリオーの議論までの距離はほんのわずかだということである。とはいえ、リレーショナルアートの作品の構造が何であるかを同定することは、まったく簡単な作業ではない。その理由はまさに、当の作品が自身が〔解釈に〕開かれたものだと言い張るという点にある。この問題は、リレーショナルアートの作品群がインスタレーションアート――はじめから鑑賞者が文字通りそこにいることを求める形式――の派生物であるという事実によってさらに悪化する」(Bishop 2004, 63)。

(27) ふたたび、ビショップによれば、「関係性の美学が、〈一体感としてのコミュニティ〉の前提条件として、ある統合された主体を必要とするのに対して、ヒルシュホルンとシエラは、今日の分断された不完全な主体にとってより適切な芸術的経験のあり方を提供している。この関係性としての敵対が立脚しているのは、〔関係性の美学が重視するような〕社会的な調和ではなく、そうしたうわべだけの調和を維持する際に抑圧されるものを露呈させることだろう。そうすることを通して、この敵対は、わたしたちと世界の関係、そしてわたしたち同士の関係を再考するための、より具体的で論争的な土台を提供してくれると思われる」（Bishop 2004, 79）。

(28) ケスター自身によるこの理論の説明は以下の通り。「ここで重視しているのは、このインタラクションという特徴であって、ある特定の人工物の物理的あるいは形式的な出来栄えでもなければ、それを作った作家の経験でもない。物ベースのアート作品は（いくつかの例外を除いて）その全体が作家によって作られ、鑑賞者はそのあとにただ作品を提示されるだけである。結果として、鑑賞者の反応がその作品の構成に対して直接の影響を与えるということは一切ない。さらに、物理的な物体は、本質的に静的なままである。それとは逆に、対話的なプロジェクトは、パフォーマンス的なやりとりのプロセスを通して展開する」（Kester 2004, 10）。

(29) 文脈は非常に重要だとされるが、それが重要なのは、ケスターが「鑑賞者の触媒作用（catalyzation）」と呼ぶものの観点においてである。「この鑑賞者の触媒作用、つまり直接のインタラクションに向かう動きは、孤独な制作行為（あるいは、鑑賞者がその行為を想像的に再構築したもの）において創造的な豊かさが発揮される瞬間から、共有された経験や対話や物理的動作という社会的・言説的な領域へと、美的な意味の中心を移行させる」（Kester 2004, 54）。

(30) 「これらのプロジェクトにおいて重要なのは、対話それ自体ではなく、作家がどの程度まで対話を通じて〔鑑賞者の〕自由な洞察に対して触媒作用を及ぼせるかということである」（Kester 2004, 69）。

(31) 虐待的なゲームの簡単な紹介は、Wilson and Sicart（2010）を参照。

(32) ノルディック・ライブアクション・ロールプレイングゲームについての古典的な研究論文として、Stenros and Montola（2011）がある。

(33) ジープフォーム・ゲームは、即興演劇にかなり近い実験的なロールプレイングゲームの一種である。そこではシナリオがプレイヤーに提示され、プレイヤーはほぼ即興のやりとりを通して、物語というよりもトピックを掘り下げる（もちろん、その経験が物語にもとづくこともあるが）。以下を参照。http://jeepen.org.

(34) http://jeepen.org/games/fatmandown/.

(35) 心の痛みという概念についての適切な記述は、Waern（2011）を参照。

(36) 「もちろん、遊びは実験の中心にある。別の箇所でも指摘したが、英語では遊ぶこと（playing）とゲームをすること

(gaming) のあいだに重要な区別がある。ゲームをすることには、望ましいゴールと勝ち負けがある。一方、遊ぶことにはとくに終わりがなく、潜在的には誰もが「勝利」する。遊ぶことは、遊ぶこと以外に決まった目的がまったくない。遊ぶことは、ふつう内容的にも態度的にもまじめではない。一方で、ゲームをすることは――勝利を目指すついでに遊ぶことが含まれるケースはあるにせよ――基本的には競争である」(Kaprow 2003, 250)。

(37) 「実物そっくりの前衛芸術は、いかにも芸術な前衛芸術に比べれば、まったくまじめではない。しばしばそれはかなりユーモラスである。またそれは、偉大なる西洋の芸術の伝統のなかではたいして興味を持たれない。というのもそれは、物事をごちゃまぜにする傾向にあるからだ。たとえば、身体と精神、個人と人々、文明と自然などをまぜこぜにする。そういうわけで、それは、複数の伝統的な芸術ジャンルを混ぜ合わせるか、それらを完全に無視するかのどちらかである。〔……〕実物にそっくりな芸術の作り手がまず第一に対話する相手は、芸術ではなく芸術以外のあらゆるものである。そこでは、あるイベントが別のイベントを示唆する。鑑賞者が実物についてよく知らない場合は、そこから生まれた実物そっくりの芸術の意味の多くがわからないだろう。実際のところ、実物そっくりの前衛芸術を作る芸術家が本当に芸術家と言えるのかどうかもはっきりしない」(Kaprow 2003, 203)。

(38) 『Desert Bus』は、もともとペン&テラー〔アメリカの二人組マジシャン〕をフィーチャーした幻の未発売ゲームの一部として作られたものだが (https://en.wikipedia.org/wiki/Penn_%26_Teller%27s_Smoke_and_Mirrors)、それが評判になったのはその奇抜さと魅力のおかげである。以下にプレイ可能なバージョンがある。http://desertbus-game.org.〔アクセス&プレイ不可〕

(39) この発想を極端なかたちで実現している古典的な事例は、PainStation (http://www.painstation.de) である。

(40) 「率直な遊びが大人に認められず、そのうち子どもにも推奨されなくなってくると、遊びの衝動は、本来のゲームそれ単独で生じるのではなく、力と欺瞞による暗黙のゲームのなかで生じるようになる。人々は、お互いに遊ぶというよりは、お互いにつけこんだり (play on) とぼけたり (play off) するようになるのだ」(Kaprow 2003, 121)。

(41) 興味深いことだが、アドルノはおそらくこの考えに近いことを述べている。「ベケットに見られるように、遊びは、それが自身の恐ろしさを自覚するようになったときにはじめて、芸術が持つ調和の力をなんらかのかたちで持つことになる」（Adorno 2004, 400）。

（42）遊び心ある物の美的経験に対する有効なアプローチのひとつは、ニコラス・デイヴィのようなガダマー的な視点からのものかもしれない。「芸術作品の思弁的な啓示のすばらしさは、その洞察以前には見たことがなかったような意味の連環を知覚することを可能にしてくれるという点にある。美的あるいは思弁的な認識が与えるショックによって、それまで互いに異質で無関係だと思っていた諸々の出来事や経験が、突然互いに結びついて、予想もしなかったような意味の実現に向けて動いていくものとして見えてくるようになるのだ」（Davey 2009, 151）。

（43）わたしは、遊び道具のデザイナーにこの課題を引き受けてもらって、もっと品がなくて危険でショッキングなやり口で人々を遊ばせてほしいと思っている。たとえば、『B.U.T.T.O.N.』をプレイするときにしばしば起きる協調的な乱闘などだ。ヒッキーは次のように言っている。「わたしはたまに、よくない行為やずれた考えをしたくなる。あるいはたまに、圧倒的にふまじめでくだらないアート——そのようにしか解釈できないもの——を見たくなる。あるいは、二十三歳のトラブルメーカーたちには、もっと熱狂的で騒がしくなって、頭が悪そうで魅惑的で破壊的な視覚文化のブランドにもっと熱を上げることで、わたしを義憤にかられさせ、わたしに毒を吐かせ、若い世代のわがままと傲慢を——そしてその世代の人工物のすべてを——嘆かせてほしい」（Hickey 2007, 123）。

訳注

＊1　「art」は、文学や音楽や絵画や映画や演劇を含む包括的なカテゴリーを指す場合には「芸術」、絵画・彫刻を中心とした造形芸術とそこから派生した現代芸術の一伝統を指す場合には「美術」または「アート」と訳す。

＊2　原語は「aesthetic beauty」。この章では「aesthetic」が頻出する。形容詞の場合は原則「美的」と訳すが、ここでは「美的な美」となるのを避けるために「感性的」と訳した。名詞の「aesthetic(s)」は、ケースに応じて「美学」「美的なもの」「美的経験」などと訳し分ける。美学の教科書的な理解にしたがえば、「美的なもの＝感性的なもの」とは、狭義の美（beauty）にとどまらず、たとえば優美さ、崇高さ、滑稽さ、グロテスクさ、けばけばしさ、バランスのよさ、場合によっては醜さなど、感性によってとらえられる諸性質／諸経験を包括する概念である。とはいえ、本書では

「美」もかなり広い意味で使われている。また、シカールは美や美的経験を「物珍しさ」や「意外さ」といった認識的な性質によって部分的に特徴づけている。結果として、この章には、「快」や「調和」といった古典的な美の特徴づけからすれば奇妙に見える記述が少なからずある。

＊3 『StarCraft』シリーズは、eスポーツとしてプレイされるリアルタイムストラテジーゲーム（RTS）の代表例。

＊4 「遊びの形式」は、おおよそ遊び道具（plaything）そのものが持つ性質として考えられている。遊びの形式は、物理的な物が持つ性質にかぎられるわけではなく、ゲームのルールなどの抽象的な実体が持つ性質も含むが、いずれにしても、ある意味でプレイヤーや観戦者からは独立した性質、つまり対象に内在する性質である。「非形式主義的な美学」を宣言していることからもわかるように、シカールは、遊びの美をこうした内在的な性質の観点からとらえるのではなく、遊びが生み出す社会的な関係の観点からとらえようとしている。

＊5 『Call of Duty: Modern Warfare 2』はFPSの名作。「spawn」は、広義にはキャラクターやアイテムがゲーム世界のある場所に出現することを、狭義にはあるステージのスタート時や再開時にプレイヤーキャラクターがステージ内のある場所に出現することを指す。ここでは、マルチプレイモードの途中でプレイヤーキャラクターが死亡した（ゲームオーバーになった）ときに自動で決められた場所からゲームプレイが再開されること（いわゆるリスポーン）を指していると思われる。『Call of Duty』シリーズは、リスポーンの場所がしばしばプレイヤーにとってひどいことで知られるが（たとえば敵陣のなかにリスポーンして一瞬で袋叩きにされてしまうなど）、ここでの「スポーンの位置の美」は、そうしたある意味での欠点を遊びの美としてポジティブに評価しているということだろう。

＊6 オフサイドライン、つまりゴールキーパーを除く守備側の選手の最終ラインを指している。

＊7 明らかに『StarCraft』などのRTSが想定されている。

＊8 『GIRP』はベネット・フォディによる二〇一一年のブラウザゲーム。フォディは『QWOP』という陸上競技を主題にしたブラウザゲームで知られ、また近年では『Getting Over It with Bennett Foddy』が大きな話題になった。どれも共通してプレイヤーキャラクターのコントロールが極度に難しく、プレイヤーをいらいらさせる作りになっている。

＊9 一般に英語の「aesthetics」には少なくとも三種類の異なるカテゴリーを指す用法がある。第一に美的なもの（美的性

質、美的経験など）そのものを指す用法、第二に何が美的なものであるかについての価値観（美意識）を指す用法、第三にそうした価値観や実践の根底にある前提などを探究する哲学の一分野（これはとくに「philosophical aesthetics」とも呼ばれる）を指す用法である。この箇所は第一の用法だが、「関係性の美学」と訳すと不自然な日本語になるため、第二の用法として読めるように言葉を補った（なお、第一の用法に沿うように訳そうとすると「関係性の美的経験」などとなるが、「relational aesthetics＝関係性の美学」は定訳なので、それを変えることは避けた）。この章のほかのいくつかの箇所でも同種の処理を行っている。

＊10 『Fingle』は、簡単にいえば指を使ったツイスターゲーム。二人のプレイヤーは、iPadの画面に表示される複数の要素にそれぞれ指を置いて所定の場所まで動かさなければならないが、その過程で必然的にプレイヤー同士の指が絡み合うかたちになる。なお、この前後の文は、読みやすさのために部分的に順序を入れ替えてある。

＊11 「流用」の向きが複数あるため段落全体がわかりづらい記述になっているが、ようするに、「パーティーゲームは社会的文脈（パーティーや恋愛）を流用するものだが、実質的に見れば、そのゲームのほうが当の文脈における美的経験を作り出すために流用されているケースもある」という考えが示されている。

＊12 民間ゲームは、自然発生的に生まれ、世代間で継承される伝統的なゲームのこと。地域や時代や民族によって異なる部分もあれば、共通する部分もある。民間ゲームのルールと同一性は一般に移ろいやすいが、サッカーやチェスのように、民間ゲームが制度化される（「公式」のルールが確立される）こともよくある。

＊13 ライブアクション・ロールプレイングゲーム（略称ＬＡＲＰ）は、ロールプレイングゲーム（ＲＰＧ）の一形態。本場である北欧のＬＡＲＰは、とくに「ノルディックＬＡＲＰ」と呼ばれる。本来のＲＰＧ（テーブルトップ・ロールプレイングゲーム）が卓上でプレイされるボードゲームであるのに対して、実際に身体を使って野外などでプレイされるＲＰＧを指す。

＊14 ここで言われているのは、具体的には「太った人をいじめるというロールプレイが、実際に太った人をいじめるという遊び外の行為にもなってしまうのを避けられない」ということ。なお、この箇所の前後は大幅に意訳している。

＊15 「bleed」は文字通りには「血を流す」という意味で、転じて「心を痛める」という意味も持つ。ここでは、ＲＰＧに

おけるプレイヤーとそれが演じるキャラクターの同一化（とくに感情的な同一化）の強さを表す語として使われている。原註35にあるように、この概念はアニカ・ヴァーン（Waern 2011）によって詳しく説明されている。そのなかでヴァーンは「ブリード・イン」と「ブリード・アウト」を区別している。ブリード・インはプレイヤーの性格がキャラクターに投影されること、ブリード・アウトは逆にキャラクターの感情をプレイヤーが共有することだとされる。

Chapter 6

原註

（1）トミー・スミスは、一九六八年オリンピックの二〇〇メートル競走において金メダルを獲得した際に行ったふるまいによって、アフリカ系アメリカ人のブラック・パワー運動に世界の注目を向けさせた。ジェシー・オーウェンズは、一九三六年のベルリン・オリンピックで、対戦相手に対するスポーツマンシップを保ちながらナチスのアスリートたちを打ち負かした。ディエゴ・アルマンド・マラドーナは、はじめは才能によって貧困を克服することのシンボルになり、続いて一九八六年のサッカー・ワールドカップでほぼ個人の力でイングランドを敗退させた際に政治的なシンボルになった。おそらく過去最高のテニスプレイヤーであるマルチナ・ナブラチロワは、自身の名声を利用して同性愛者の権利や政治的な問題について積極的な発言を行っている。

（2）この試合のゴールの映像は以下で見ることができる。〔一点目が有名な「神の手」ゴール。〕http://www.youtube.com/watch?v=KY40_rBvSk (accessed February 2, 2013).

（3）フォークランド諸島の領有権をめぐるイギリスとアルゼンチンの対立の歴史は長いが、一九七六年から一九八三年まで続いたアルゼンチンの軍事独裁政権は、その対立を当時の国内の破滅的な経済状況から人々の目を逸らせる機会としてとらえ、フォークランド紛争を引き起こした。この戦争にアルゼンチンは敗北するものの、軍事政権の衰退を加速させるというポジティブな結果を生んだ。

（4）Adorno（2001）、とくに「自由時間（Free Time）」というエッセイを参照。

（5）トーマス・ヘンリックス（Henricks 2006）によれば、マルクスにも遊びを政治的に解釈する視点があるらしい。Morgan and Meier（1988）の一部は、この話題に関連する論文の選集になっている。

（6）具体的には、Boal（2002; 2008）、Freire（1996; 2001; 2010）。

（7）批判的・政治的な遊びの歴史は、北半球の豊かな国々を中心とする視点に偏っている。結果として、貧困と専制政治が入り交じるラテンアメリカの国々における批判的な道具としての遊びの重要性には、あまり目が向けられてこなかった。この見解はエンリーク・リャゴステラに負う。

（8）この考えは、とくにフレイレの『被抑圧者の教育学』（Freire 1996）に見られる。この文献は、パフォーマンスが持つ人を自由にする力を理解するための基礎になる。

（9）Stenros and Montola（2011）を参照。ただし、ノルディックＬＡＲＰは批判的な遊びの事例ではあるものの、先に挙げたラテンアメリカのマルクス主義的な理論とは社会文化的・経済的な文脈がまったく異なる。

（10）ピーター・ムンテ＝コース（Munthe-Kaas 2011）によれば、ディストピア的なノルディックＬＡＲＰ『System Danmarc』は、下層階級の人々がゲットーに閉じ込められ、あらゆる権利と国からの福祉給付金を奪われてしまっているという未来のデンマークを舞台にしたものだ。

（11）ヨリ・ヴィルタネンとヤミ・ヨキネンによれば、ノルディックＬＡＲＰ『Ground Zero』は「核戦争による破滅の一日目」（Virtanen and Jokinen 2011, 65）を舞台にしたものだ。

（12）シチュアシオニスト・インターナショナルの政治性についての解説は、Debord and Wolman（2009）あるいはKnabb（2007）を参照。社会文化的な概観を適切なかたちで提供している文献としてWark（2011）がある。

（13）カルチャー・ジャミング雑誌『Adbusters』は明らかにドゥボールの理論に影響を受けている。とはいえ、『Adbusters』の活動がどの程度まで政治であり、どの程度までたんなるポーズなのかは、つねによくわからない。以下を見て読者自身で判断してほしい。https://www.adbusters.org.

（14）二十世紀前半の政治的状況とアートワールドの文脈のなかでのダダの政治性については、Richter and Britt（1997）がすぐれた概観を与えてくれる。

（15）フルクサスに関する標準的な参考文献としては、Friedman（1998）を参照。

（16）イアン・ボゴスト（Bogost 2007）は、政治的な（説得的な）ゲームの問題について、とくにその種のゲームの構成において物質的な側面としてのテクノロジーがいかに重要な役割を果たすかについて、よりきめ細やかな議論をしている。しかし、ボゴストの焦点は依然として物それ自体にあり、経験やパフォーマンスにはない。ゴンサロ・フラスカ（Frasca 2004）の議論もまた、同じ系統に属すると言えるだろう。

（17）つまり、ボアール（Boal 2008）やフレイレ（Freire 1996）が示唆しているように、遊ぶことは、場合によっては、表現や探究を求める政治的な思想の実行になる。

（18）下記の『Guardian』の記事がケトリングとその意味合いを解説している。https://www.theguardian.com/world/2009/apr/03/g20-protests-police-tactics (accessed February 7, 2012).

（19）メタケトルは、実際にはいまだにプレイされたことがない政治的ゲームである。それを作った人々がそれをプレイする機会がいまのところないからだ。とはいえ、そのルールと注意書き（以下リンク先を参照）を見れば、そのゲームの遊び方やそこに込められた思想は十分明確にわかる。https://www.terrorbullgames.co.uk/games/metakettle_pnpgame.php.

（20）それらもまたユーモアに重点を置くおかげで、人を自由にする。「決められた文化的な価値観に全面的に毒されている社会では、個々人の特異性――怠けがちなことも含まれるだろう――を肯定するという考えは無責任でばかげたものに見えるが、それは同時に自由をもたらすものでもある」（Stiles 2007, 53）。

（21）この意味で、遊びはカプローが支持する芸術観とつながる。「芸術の力は、国家の力や大企業の力とは異なる種類のものだ。一枚の絵画が卵の価格を変えたことはいまだかつてない。しかし、一枚の絵画がわたしたちの夢を変えることはある。そしてそうこうするうちに、何枚もの絵画によってわたしたちの価値観がはっきりしてくるだろう。芸術家の力とは、まさにその受容者の空想に及ぼす影響力にほかならない。［……］人の性格に影響を与えるという意味で、芸術は道徳的な活動なのである」（Kaprow 2003, 53）。

（22）このコミュニケーションモデルは、フレイレ（Freire 1996）が「教育の銀行モデル」として批判していたもの――生徒はただ教師によって知識を詰め込まれるだけという教育モデル——に近い。

（23）日常におけるパフォーマンス性の重要さについては、すでにリチャード・シェクナーが強調している。「仕事やそのほかの日常的な活動は、その根底にある遊びの地盤から絶えず養分を得ている。つまりそうした活動は、遊びの雰囲気を利用して、爽快さ、活力、いつもとはちがう作業のやり方、物事に対する洞察、休憩、何かをするきっかけ、そしてとくに気分のゆるみを引き出すのだ。［……］気分のゆるみは、考えや経験の新しい組み立て方やひねり方の発見をうながす」（Schechner 1998, 17）。

（24）現代のハクティヴィズムについての標準的かつ優れた批判史は、Coleman（2012）を参照。

（25）『New York Times』に二〇〇八年時点での荒らし《トローリング》行為についての包括的な解説がある。https://www.nytimes.com/2008/08/03/magazine/03trolls-t.html?_r=1&pagewanted=1.

（26）http://www.4chan.org.

（27）この種のインターネットサイトにおけるばかばかしいユーモアがいかに重要であるかについては、以下に詳しい。https://www.canopycanopycanopy.com/issues/15/contents/our_weirdness_is_free.

（28）これがいわゆる「プロジェクト・チャノロジー」である。以下を参照。https://encyclopediadramatica.rs/PROJECT_CHANOLOGY.

（29）関連する文献として、荒らし行為と政治についての学術的考察がいくつかある。Coleman（2011）、Knutrila（2011）、Vichot（2009）を参照。そのほか重要な参考文献として以下がある。https://www.youtube.com/watch?v=dQw4w9WgXcQ.

（30）https://en.wikipedia.org/wiki/Never_Gonna_Give_You_Up.

（31）この点で、アノニマスの活動は、シェクナーのダークプレイの概念に近い。「ダークプレイは、互いに相反する二つの現実——一見したところ、それぞれがもう一方を無効化できるように見える二つの現実——が共存するときに生じる」（Schechner 1988, 12）。

（32）Savicic and Savic（2012）を参照。

（33）以下を参照。http://www.michaelrakowitz.com/parasite (accessed October 17, 2013). 似たプロジェクトとして以下もある。

(34) http://unpleasant.pravi.me/category/strategies/reapropriation/ (accessed October 17, 2013).
(35) http://criticalengineering.org.
http://newstweek.com.

訳注

＊1 この章では「批判的（critical）」という表現が頻出するが、いずれも批判理論（critical theory）が念頭に置かれていると思われる。批判理論は、アドルノやホルクハイマーを中心とするいわゆるフランクフルト学派を起点とした社会理論で、その中心には「奴隷状態からの人間の解放」「人間存在の必要性と能力を満足させる世界の創造」といった実践的な目的があるとされる（https://plato.stanford.edu/entries/critical-theory/）。

＊2 「疎外（alienation）」は哲学用語。とくにマルクスの思想の流れを汲む実存主義や批判理論の伝統で使われる。スタンフォード哲学百科事典によれば、その概念の基本的な内容は「本来同じものにともに属する主体と客体が問題のあるかたちで分離していること」である。たとえば、近代社会において、個人はしばしば物や他人や社会から疎外される（https://plato.stanford.edu/entries/alienation/）。

＊3 原語は「communitarian」だが、ここで挙げられている事例の政治的傾向は、現代の政治思想におけるコミュニタリアニズムとは明らかに異なる。

＊4 この一文は原文にはないが、そのまま訳すと議論の流れとポイントがわかりづらいので補った。

＊5 「政治的な表現」をする主体が、先の段落では人だったのに対して、ここでは遊び道具になっている。気になる読者のために注記しておくと（訳者自身も気持ち悪く思っている）、遊びの主体をあえてはっきりさせないという思考のスタイルにはそれなりの伝統がある（たとえば西村清和『遊びの現象学』勁草書房、一九八九年、2章2節を参照）。本書の全体を通して、遊びの活動の主体は、しばしばあやふやに（場合によっては整合性を欠いたように見えるかたちで）書かれているが、それはこうした伝統を引き継いでいる（あるいはそれと同根である）からかもしれない。

＊6 原語は「identity shopping」。自分のアイデンティティを作り上げるために、他人を観察してファッションなどをまね

ることを指す。ここでは「中身を伴わないうわべだけの模倣」の意味で使われている。

＊7　「ハクティヴィズム（hacktivism）」は「アクティヴィズム」と「ハック」を組み合わせた造語。政治的な目的を持ってハッキングを利用する活動を指す。

＊8　「lulz」（ラルズ）は、「笑」を意味する「lol（laugh out loud）」の複数形「lols」の発音を音写したインターネットスラング。語の変化のプロセスは、日本のインターネット文化において「笑」の簡略形「w」の誇張表現「ｗｗｗ」が「草が生える」を経て「草」になったのにいくらか似ている。意味的にも、日本語の「ｗｗｗ」と同様に、嘲笑やシャーデンフロイデのニュアンスがしばしば含まれる。

＊9　「リックロール（rickrolling）」は、いわゆる釣りリンクの一種。掲示板などで、ほかのユーザーが求める情報と見せかけて『Never Gonna Give You Up』の動画へのリンクを貼るいたずら行為を指す。ここでは、そのように強制的に曲を聴かせるというインターネット上のいたずらが現実世界に持ち込まれたという事例が示されている。

Chapter 7

原註

（1）ゲームは遊びの形式であるという考えは、ゲームはそのルールによって存在論的に定義されるというよくある考えから引き出されるものだ。その手の議論の好例として、Salen and Zimmerman（2004）、Suits（2005）、Kirkpatrick（2011）がある。

（2）ゲームの形式は時が経つにつれてどのように発展するのかについては、ゲームスタディーズの文献ではあまり論じられていない。例外として、イエスパー・ユール（Juul 2007）がタイルマッチングゲームの歴史に関してこの話題を掘り下げている。

（3）ＵＥＦＡは、プロサッカーの慣行をできるだけローテクのまま維持しようとする保守的な組織として知られる。歴史的にサッカーの戦術とルールが並行して発展してきたことについては、Wilson（2008）を参照。

（4）北米スクラブルプレイヤー協会が競技スクラブルの公式ルールを維持している。http://www.scrabbleplayers.org/w/Welcome_to_NASPAWiki (accessed October 29, 2013).

（5）これと同種の考えがハーバート・サイモンによる人工物の本性についての考察のなかに見られる。「人工物は、ある種の接合点として考えることができる。つまり、人工物それ自体の中身と組織である「内部」環境と、人工物がそのなかで機能する環境である「外部」環境の接合点――いま風にいえば「インターフェイス」――としてである」(Simon 1996, 6)。

（6）これを示すひとつの徴候として、世界中の大学でゲームデザインの教育課程がどんどん作られているという事実がある。とはいえ、ゲームデザインの専門性がポピュラーカルチャー内の常識になるのは、まだまだこれからである。シットコムやハリウッド映画や大衆小説でゲームデザイナーが描かれることは、いまのところほとんどないのである。

（7）二十世紀におけるゲームスタディーズの生みの親であるヨハン・ホイジンガとロジェ・カイヨワは、その遊び観においてゲームに特権的な地位を与えている（同時に、儀式やそのほかの共同体主義的な活動も重要なものとして取り上げてはいるが）。ゲームより遊びを重視してきたのは、〔遊戯論者ではなく〕むしろアーヴィング・ゴフマンのような社会学者や、パウロ・フレイレやアウグスト・ボアールのような批判的な思想家である。

（8）ここで言う「ゲーム」は、ほぼビデオゲームのことである。ビデオゲームは、いまや経済的な面だけでなく表現文化の面でも支配的な力を誇っている。アナ・アンスロピー（Anthropy 2012）は、経済的な重要性を持ち出すという使い古された方法を使わずに、ゲームの文化的な重要性について非常に興味深い議論をしている。それによれば、ますます多くの人々が、音楽や詩を使ってそうするのとまったく同じように、ゲームを使って自分を表現するようになっている。

（9）たとえば、遊びのための公共空間としての遊び場の再活性化や、スマートフォン上で動くソフトウェア・トイの人気など。

（10）独創的な創作者に特権が与えられる時代は、ドイツ・ロマン主義とともに始まった。オリジナルな素材を作り出した人にわたしたちが高い評価を与えていることを考えれば、まだその時代は続いていると言える。

(11) 〔ゲームデザインがデザインの一種と見なされていることを示す〕好例として、ニューヨーク近代美術館の二〇一一年の展覧会「Talk to Me」の出品リストにビデオゲームが少なからず含まれたというケースがある。http://www.moma.org/interactives/exhibitions/2011/talktome/. Antonelli（2011）も参照。

(12) たとえば、Bogost（2007; 2011）、Flanagan（2009）、Frasca（2007）、Fullerton（2008）を参照。

(13) なかなか興味深いことだが、デザイン研究では、もっとも形式主義的・機能主義的な議論ですら、文脈と使用の重要性に気を配っている。「プロダクト意味論とは、それが使われる認知的・社会的な文脈のなかで人工的な形式が持つ記号的性質、およびその知識をインダストリアル・デザインの物に適用することについての研究である」（Krippendorff, 1995, 157）。「意味は、認知的に構築された関係である。意味によって、物の特徴とそれを取り巻く文脈（現実の環境であれ想像上の環境であれ）の特徴が選択的に結びつけられ、一貫した全体になる」（Krippendorff, 1995, 159）。

(14) たとえば、以下を参照。「デザインすることは、パターンを見分けるプロセスというよりパターンを統合するプロセスである。［……］アレグザンダーは、「構築的ダイアグラム」と「パターンランゲージ」という考えをもとに、このパターンの構築という特徴をデザインの活動の中核にあるものと見なしている。デザイナーが身につけるべきは、ユーザーが求める抽象的なパターンを実際の物という具体的なパターンに変えていくという、スケッチに似た考え方である」（Cross 2007, 24–25）。

(15) たとえば、以下を参照。「デザイナーにできるのは、意図した結果が起きることを保証することだけである。それは、その構成要素として特定の諸性質——つまり、結果の性格、物の性格、そこに注がれるエネルギーの性格から要求される諸性質——を選別することによってなされる。デザイナーの仕事とは、原理的にはそういうものである」（Pye 1978, 19）。

(16) エリック・ストルターマンとヨナス・レウグレン（Stolterman and Löwgren 2004）は、自分の作品に道徳性や政治性が含まれていることに自覚的な創作者として、思慮深いインタラクションデザイナーの例を共感をもって挙げている。

(17) デザインの美学についての古典的な文献としては、Pye（1978）がある。そのほか、Drucker（2009）、Hallnäs and Redström（2002）、Hekkert（2006）も参照。

(18) レウグレンとストルターマンの言葉を借りれば、デザインの目的は、「ユーザーの意図、ユーザーの行為、ユーザーの行為の結果のあいだの距離を最小化し[……]、互いに緊密に結びつける」ことである(Stolterman and Löwgren 2004, 118)。

(19) 「エモーショナル・デザイン」は、ドナルド・ノーマン(Norman 2004)が定義した意味で使っている。

(20) ゲームは不要な障害物を挑戦課題として設定するものだという考えは、バーナード・スーツ(Suits 2005)から引いている。

訳注

＊1 この章では「form」がキーワードとして頻出する。デザインの文脈では「形態」と訳されることが多いが、ここでは一律に「形式」と訳す。

＊2 スクラブルは、クロスワードパズルを得点制の対戦ゲームにしたようなボードゲーム。盤上のマス目に手持ちの駒(それぞれアルファベットが書かれている)を並べ、英単語を作って得点を競う。

＊3 「ポスト啓蒙主義的」は、啓蒙主義に反発したりそれを乗りこえようとする考え方ではなく、むしろそれを継承する考え方を指している。「後期《ポスト》ロマン主義」についても同様。

＊4 この段落は書き方が抽象的すぎてわかりづらいが、内容はそれほど難しい話ではない。ポイントは以下の通り。デザインされた物が意図通りに機能するには、その形式だけでなく、それが使われる文脈(それを使う人々の属性も含む)も重要になる。それゆえ、デザインには、それが使われる文脈を目的に適ったあり方にするために、文脈への働きかけも組み込んでおく必要がある。

＊5 「王は死んだ、新王万歳!(The king is dead, long live the king!)」のもじり、またはそれのもじりであるロバート・セシルの「国際連盟は死んだ、国際連合万歳!(The League is dead, long live the United Nations!)」のもじり。いずれにせよ、代替わりを祝福する際の定型表現。

原註

（1） たとえば、Lemon Joust〔レモンを使ったJoust〕がある。https://www.deepfun.com/lemon-jousting/ (accessed February 11, 2013).

（2） http://www.ideotoylab.com/balloonimals.

（3） もちろん、ここでは電算処理とコンピュータを単純化して理解している。実際には、コンピュータは、人を月に送ったりFacebookをこの世に生み出したりもできるものである。

（4） サイバネティクス（システム理論の一種）の提唱者であるノーバート・ウィーナーは、おそらくもっとも興味深い哲学者である。ウィーナーは、その古典的な著作『人間機械論』（Wiener 1988）のなかで、根本的に人間主義的で倫理志向のシステム理論を提示し、人間を理解するうえでそれが重要であることを論じている。

（5） 以下を参照。http://tinysubversions.com/. ダリアス・カゼミが作ったボットの一覧は、以下で更新されている。https://twitter.com/tinysubversions/lists/darius-kazemi-s-bots/members (accessed October 17, 2013).

（6） https://twitter.com/AmIRiteBot (accessed October 17, 2013).〔凍結済みでアクセス不可〕

（7） そのほかの面白いTwitterボットは以下の通り。Metaphor-A-Minute, https://twitter.com/metaphorminute; Six Words Sale, https://twitter.com/SixWordSale; Two Headlines, https://twitter.com/TwoHeadlines (accessed October 17, 2013).

（8） この考えは、Bogost（2012）およびLatour（2013）から着想を得た。

（9） テクノロジーをパフォーマンスのための舞台装置・小道具として見るという考え方は、とりわけポール・ドーリッシュの著作（Dourish 2001）に影響を受けている。

（10） 何度も書いているが、これは、わたしが提唱しているロマン主義的な遊びの理論の文脈の枠内で理解すべき議論である。〔そうしたロマン主義的な議論とは別に、〕世界内の人間存在と世界内の電算的存在のあいだに絶妙なバランスが成り立ったときに——つまり、人間と物の両方がそれぞれの自己を表現しながら遊ぶときに——遊びと電算処理の刺激的な結合が生じるといった議論も可能である。

(11) 「電算処理が人間的なものになる」という言い方をしているが、人間主義的に言い換えれば、「電算処理が、〈人間であること〉と〈人間存在〉の文化的な表現になる」。

(12) 電算処理が表現あるいは世界内存在の形式であるために、それが人間的なものである必要はとくにない。たしかに、わたしはここで人間中心主義的な――哲学の領域ではしばしば古くさいと見なされる――見方をとっている。とはいえ、わたしは、電算的な遊びが〔それ自体では〕表現的・生産的でないとか存在論的に重要ではないとか言うつもりはない。

訳注

＊1 「computation/computational」は原則的に「電算処理／電算的」と訳す。コンピュータによる計算のプロセスおよびそのあり方を意味している。

＊2 原語は「action」だが、「行為」と訳すと不自然なため、「事を起こすこと」と訳す。またそれに合わせて、次の文の「synthesis」を「事を収めること」と訳す。

＊3 「performativity」は一律に「パフォーマンス性」と訳している。本書でのこの語の用法は、直接にはシェクナーに代表されるパフォーマンス研究での用法にもとづいている。国内のパフォーマンス研究では、そのままカタカナで「パフォーマティヴィティ」と訳されることがある（高橋雄一郎・鈴木健編『パフォーマンス研究のキーワード』世界思想社、二〇一一年）。なお、ジョン・L・オースティンの有名な言語行為論の概念である「遂行的／遂行体（performative）」は――仮にそれと結びつける論者がいたとしても――ここでの「performativiry」とは概念の内容としては無関係だと考えたほうがよい。

＊4 「で遊ぶ」と訳したが、「play with」には「をもてあそぶ」「をおもちゃにする」の意味もある。いずれにせよ、「playing with systems」が「システムを流用すること」に対応している。

訳者あとがき

著者のミゲル・シカール（Miguel Angel Sicart）はスペイン出身の研究者で、現在デンマークのコペンハーゲンＩＴ大学デジタルデザイン学科・コンピュータゲーム研究センターの准教授。本人のウェブサイトの自己紹介によれば、「技術の哲学、文学、ゲームスタディーズをバックグラウンドとして持つ遊び学者」。サンチャゴ・デ・コンポステーラ大学で文学理論の修士号を、コペンハーゲンＩＴ大学でゲームスタディーズの博士号を取得している。著書に本書『Play Matters』（二〇一四年）のほか、『The Ethics of Computer Games』（二〇〇九年）、『Beyond Choices: The Design of Ethical Gameplay』（二〇一三年）がある。論文「Defining Game Mechanics」（二〇〇八年）と「Against Procedurality」（二〇一一年）は、それぞれ学術誌『Game Studies』所収の全論文のなかで、被引用数一位と二位を誇る。というわけで、文句なく現代のゲームスタディーズの中心人物のひとりだ。

本書は、ＭＩＴ出版局のPlayful Thinkingシリーズの一冊である。本書の冒頭にあるように、このシリーズのコンセプトは、新しくて刺激的な論点をコンパクトなサイズで提供するというものである。本書を含め、このシリーズの本は教科書的な入門書ではけっしてないが、それを読めば、その読み口の軽さと凝縮された多彩な論点を通じて、ゲームスタディーズにはどんな話題があるのか、そこではどんな議論がなされているのか、どのような分野が隣接領域としてあるのか、といったことが大まかにつかめるだろう。今世紀のはじめに成立したゲームスタディーズは、二〇一〇年代以降ますます盛り上がりを見せているが、日本国内ではまだほとんど紹介されていない。Playful Thinkingシリーズの翻訳を通じて、この豊かな分野の一端に触れていただけたらと思う。

＊

あとがきらしく、本書のポイントのいくつかを簡単にまとめておこう。

本書は、何よりもまず遊びの哲学という性格が強い。本書の焦点は、一貫して、遊びの特性とは何か、その特性によって遊びはどんな力を持つのか、遊びはなぜ重要なのか、といったところにある。シカールは、遊びを言語や信仰などと並ぶ「存在のモード」のひとつと考える。「存在のモード」とは、人間が人間としてあるモードのことだ。シカールによれば、存在のモードのひとつとしての遊びには、七つの特性――文脈依存的、カーニバル的、流用的、攪乱的、自己目的的、創造的、個人的――がある。これらの特性のうち、本書を通してシカールが繰り返し強調するのは、「流用的」という特性である。流用的であるとは、すでに成り立っている文脈やその構成要素を遊びの目的のために「乗っ取る」ということである。結果として、遊びは、既存の物事や調和を乱して転覆させる批判的で創造的な力を持つことになる。こうした存在のモードとしての遊びが「活動」としてあらわれたものが狭義の遊び（遊ぶこと、遊びの活動）であり、「態度」としてあらわれたものが遊び心である。実際のところ、大量の註を読んでいけばわかる通り、シカールの遊び観は、偉大な哲学者たち——たとえば、シラー、ニーチェ、バフチン、サルトル——が断片的にではあれすでに述べていることである。しかし、遊びが持つ複数の特性をまとめ、その輪郭をはっきりさせたのは、シカールの功績だろう。

シカールの議論は、物、空間、人間、人間関係といったさまざまな事柄が関わる「生態系」全体の観点から遊びをとらえるという点でとくに際立っている。そのような観点は、「遊びの形式」のひとつでしかないゲームにもっぱら焦点をあわせてきた従来の遊戯論——ひいてはその直系の子孫であるゲームスタディーズ——に対する強烈なカウンターである。その態度は、おそらく本書のタイトルにもあらわれている。「matter」は、まずは「重要である」を意味する動詞だが、それは同時に「物質／質料」を意味する名詞としても読める。遊びの形式よりも遊びの質料《マター》が重要《マター》なのだ。

このアンチ形式——それゆえまたアンチゲーム——の態度は、本書のいたるところに顔を出しているが、よく読めばその形式批判には複数の側面がある。ひとつは、文字通りの物質的な側面の重視だ。この考えは、3章の遊びの物理的な道具としてのおもちゃを論じるなかで明確に示されている。シカールによれば、従来のゲーム研究者は、遊びの経験が抽象的な形式から生まれると考えてきたが、実際には遊びの経験は遊び道具が持つ物質的な側面に大きく左右される。もうひとつは、デザインされた物、つまり作り手が意図して作った客観的な物としての形式に対する批判だ。これは7章の「ゲームデザインから遊びの建築へ」という提案にとくにはっきりとあらわれている。シカールによれば、形式を重視することは、結局のところその作り手の地位を持ち上げることであって、プレイヤーの主体性や自由を持ち上げることと相性が悪い。遊びの形式は、遊びの流用的な特性に反しているのだ。

本書の文体にはかなりくせがあるが、もちろんそれは意図的なものだろう。ゲーム研究者のゼバスティアン・デターディングが本書の書評（*Game Studies* 15, no.1）で指摘しているように、本書は分析や論証というよりはアフォリズムめいた断言をひたすら繰り返す「マニフェスト」として読むのが正しい。さらに、事例の出し方などがかなり遊び心めいていて、どこまでまじめに書いているのかわからないところもある。デターディングの言い方を借りれば、本書はゲームスタディーズに対する「ナイスな荒らし《トローリング》」である。

＊

謝辞を。いつも何かとお世話になっているが、渡辺一暁さん、森功次さん、高田敦史さんには訳文のチェックにご協力いただいた。的確な指摘のおかげで、自信のないあやしげな訳文がずいぶん減った。装丁は以前訳した『ハーフリアル』と同じくYACOYONさんにお願いして、かわいくて遊び心があって積み木を壊したくなる最高のデザインを作っていただいた。コートのポケットに入れて自慢したいと思う。編集の薮崎今日子さんには、感謝もおわびもしきれない。訳者の怠慢のおかげで、設定された締め切りが何度も破られ、最終的に遊び心もくそもない地獄のようなスケジュールになってしまったが、最後まで辛抱強くお付き合いいただいた。連日深夜まで続いた大詰めの校正作業がいい思い出になったのは薮崎さんのおかげだ。翻訳作業の終盤、いちばん辛い時期に訳しながら流していたのは『Never Gonna Give You Up』だった。あきらめない気持ちをくれたリック・アストリーさんにも感謝したい。

松永伸司

二〇一九年四月

参考文献

Adorno, Theodor. 2001. *The Culture Industry*, 2nd ed. New York: Routledge.

Adorno, Theodor. 2004. *Aesthetic Theory*. New York: Continuum.（『美の理論』大久保健治訳、河出書房新社、2007年）

Adorno, Theodor, and Max Horkheimer. 2010. *The Dialectic of Enlightenment*. New York: Verso.（『啓蒙の弁証法 ── 哲学的断想』徳永恂訳、岩波書店、2007年）

Alexander, Christopher, Sara Ishikawa, Murray Silverstein, Max Jacobson, Ingrid Fiksdahl-King, and Shlomo Angel. 1977. *A Pattern Language: Towns, Buildings, Construction*. Oxford: Oxford University Press.（『パタン・ランゲージ ── 町・建物・施工』平田翰那訳、鹿島出版会、1984年）

Anthropy, Anna. 2012. *Rise of the Videogame Zinesters: How Freaks, Normals, Amateurs, Artists, Dreamers, Drop-Outs, Queers, Housewives, and People Like You Are Taking Back an Art Form*. New York: Seven Stories Press.

Antonelli, Paola. 2011. *Talk to Me*. New York: MoMA.

Avedon, Elliot M., and Brian Sutton-Smith. 1971. The Structural Elements of Games. In *The Study of Games*. New York: Wiley.

Bakhtin, Mikhail. 1984. *Rabelais and His World*. Bloomington: Indiana University Press.（『ミハイル・バフチン全著作 第7巻「フランソワ・ラブレーの作品と中世・ルネサンスの民衆文化」他』杉里直人訳、水声社、2007年）

Bakhtin, Mikhail M. 2008. *The Dialogic Imagination*, edited by Michael Holquist and translated by Caryl Emerson. Austin: University of Texas Press.

Bavinton, Nathaniel. 2007. From Obstacle to Opportunity: Parkour, Leisure, and the Reinterpretation of Constraints. *Annals of Leisure Research* 10 (3–4): 391–412.

Benjamin, Walter. 1999a. Old Toys. In *Selected Writings*, vol. 2: 1927–1930, edited by Michael W. Jennings, Howard Eiland, and Gary Smith. Cambridge, MA: Harvard University Press.（「昔のおもちゃ ── マルク博物館のおもちゃ展に寄せて」久保哲司訳、『ベンヤミ

ン・コレクション2 エッセイの思想』筑摩書房、1996年）

Benjamin, Walter. 1999b. The Cultural History of Toys. In *Selected Writings*, vol. 2: 1927–1930, edited by Michael W. Jennings, Howard Eiland, and Gary Smith. Cambridge, MA: Harvard University Press.（「おもちゃの文化史」丘澤静也訳、『教育としての遊び』晶文社、1981年）

Benjamin, Walter. 1999c. Toys and Play. In *Selected Writings*, vol. 2: 1927–1930, edited by Michael W. Jennings, Howard Eiland, and Gary Smith. Cambridge, MA: Harvard University Press.（「おもちゃとあそび」丘澤静也訳、『教育としての遊び』晶文社、1981年）

Benjamin, Walter. 1999d. *Selected Writings*, vol. 2: 1927–1930, edited by Howard Eiland, Michael W. Jennings, and Gary Smith. Cambridge, MA: Harvard University Press.

Bishop, Claire. 2004. Antagonism and Relational Aesthetics. *October*, Nr. 110: 51–79.（「敵対と関係性の美学」星野太訳、『表象』5号、2011年、75–113頁）

Bishop, Claire. 2009. The Social Turn: Collaboration and Its Discontents. In *Rediscovering Aesthetics: Transdisciplinary Voices from Art History, Philosophy, and Art Practice*, edited by Francis Halsall, Julia Jensen, and Tony O'Connor. Stanford, CA: Stanford University Press.

Bishop, Claire. 2012. *Artificial Hells: Participatory Art and the Politics of Spectatorship*. London: Verso.（『人工地獄 ― 現代アートと観客の政治学』大森俊克訳、フィルムアート社、2016年）

Blijlevens, Janneke, Marielle E. H. Creusen, and Jan P. L. Schoormans. 2009. How Consumers Perceive Product Appearance: The Identification of Three Product Appearance Attributes. *International Journal of Design* 3 (3):27–35.

Boal, Augusto. 2002. *Games for Actors and Non-Actors*, 2nd ed. London: Routledge.

Boal, Augusto. 2008. *Theatre of the Oppressed*. London: Pluto Press.（『被抑圧者の演劇』里見実・佐伯隆幸・三橋修訳、晶文社、1984年）

Bogost, Ian. 2007. *Persuasive Games: The Expressive Power of Videogames*. Cambridge, MA: MIT Press.

Bogost, Ian, and Nick Montfort. 2009. *Racing the Beam: The Atari Video Computer System*. Cambridge, MA: MIT Press.

Bogost, Ian. 2011. *How to Do Things with Videogames*. Minneapolis: University of Minnesota Press.

Bogost, Ian. 2012. *Alien Phenomenology, or What It's Like to Be a Thing*. Minneapolis: University of Minnesota Press.

Bourriaud, Nicolas. 2002. *Relational Aesthetics*. Monts, France: Les Presses du Réel.

Brown, John Seely, and Paul Duguid. 1994. Borderline Issues: Social and Material Aspects of Design. *Human-Computer Interaction* 9 (1): 3–36.

Caillois, Roger. 2001. *Man, Play and Games*. Urbana: University of Illinois Press.（『遊びと

人間』多田道太郎・塚崎幹夫訳、講談社、1990年）
Coleman, Gabriella. 2011. Anonymous: From the Lulz to Collective Action. *The New Everyday: A Media Commons Project, 6*. Retrieved from Google Scholar.
Coleman, Gabriella. 2012. *Coding Freedom: The Ethics and Aesthetics of Hacking*. Princeton, NJ: Princeton University Press.
Consalvo, Mia. 2009. There Is No Magic Circle. *Games and Culture* 4 (4): 408–417.
Cross, Nigel. 2007. *Designerly Ways of Knowing*. Basel, Switzerland: Birkhäuser.
Danto, Arthur C. 2009. The Future of Aesthetics. In *Rediscovering Aesthetics: Transdisciplinary Voices from Art History, Philosophy, and Art Practice*, edited by Francis Halsall, Julia Jansen, and Tony O'Connor. Stanford, CA: Stanford University Press.
Davey, Nicholas. 2009. Gadamer and the Ambiguity of Appearance. In *Rediscovering Aesthetics: Transdisciplinary Voices from Art History, Philosophy, and Art Practice*, edited by Francis Halsall, Julia Jansen, and Tony O'Connor. Stanford, CA: Stanford University Press.
Debord, Guy, and Gil J. Wolman. 2009. Directions for the Use of Détournement. In *Documents of Contemporary Art: Appropriation*, edited by David Evans, 35–39. Cambridge, MA: MIT Press.
DeKoven, Bernie. 2002. *The Well-Played Game: A Playful Path to Wholeness*. Lincoln, NE: Writers Club Press.
Deterding, Sebastian, Dan Dixon, Rilla Khaled, and Leonard Nacke. 2011a. From Game Design Elements to Gamefulness: Defining "Gamification". *MindTrek 2011 Proceedings*.
Deterding, Sebastian, Rilla Khaled, Leonard Nacke, and Dan Dixon. 2011b. Gamification: Toward a Definition. *CHI 2011 Workshop paper*.
Dourish, Paul. 2001. *Where the Action Is: The Foundations of Embodied Interaction*. Cambridge, MA: MIT Press.
Dourish, Paul. 2004. What We Talk about When We Talk about Context. *Personal and Ubiquitous Computing* 8 (1): 19–39.
Dreyfuss, Henry. 2003. *Designing for People*. New York: Allworth Press.（『百万人のデザイン』勝見勝訳、ダヴィッド社、1959年）
Drucker, Johanna. 2009. *Speclab: Digital Aesthetics and Projects in Speculative Computing*. Chicago: University of Chicago Press.
Dumas, Alex, and Sophie Laforest. 2008. Intergenerational Conflict: What Can Skateboarding Tell Us about the Struggles for Legitimacy in the Field of Sports? September 4. http://www.idrottsforum.org/articles/dumas-laforest/dumas-laforest080409.pdf.
Dunne, Anthony. 2006. *Hertzian Tales: Electronic Products, Aesthetic Experience, and Critical Design*. Cambridge, MA: MIT Press.
Esposito, Joseph L. 1988. Play and Possibility. In *Philosophic Inquiry in Sport*, edited by

William J. Morgan and Klaus V. Meier. Champaign, IL: Human Kinetics.

Feezell, Randolph. 2006. *Sport, Play, and Ethical Reflection*. Champaign: University of Illinois Press.

Fink, Eugen. 1988. The Ontology of Play. In *Philosophic Inquiry in Sport*, edited by William J. Morgan and Klaus V. Meier. Champaign, IL: Human Kinetics.（『遊戯の存在論』石原達二訳、せりか書房、1971年）

Flanagan, Mary. 2009. *Critical Play: Radical Game Design*. Cambridge, MA: MIT Press.

Frasca, Gonzalo. 2004. Videogames of the Oppressed: Critical Thinking, Education, Tolerance, and Other Trivial Issues. In *First Person: New Media as Story, Performance, and Game*, edited by Noah Wardrip-Fruin and Pat Harrigan, 85–94. Cambridge, MA: MIT Press.

Frasca, Gonzalo. 2007. Play the Message. Play, Game, and Videogame Rhetoric. PhD diss. IT University of Copenhagen. Retrieved from http://www.powerfulrobot.com/Frasca_Play_the_Message_PhD.pdf.〔アクセス不可〕

Freire, Paulo. 1996. *Pedagogy of the Oppressed*. London: Penguin.（『被抑圧者の教育学』三砂ちづる訳、亜紀書房、2011年）

Freire, Paulo. 2001. *Pedagogy of Freedom: Ethics, Democracy, and Civic Courage*. New York: Rowman & Littlefield.

Freire, Paulo. 2010. *Education for Critical Consciousness*. New York: Continuum.

Friedman, Ken. 1998. *The Fluxus Reader*. London: Academy Editions London.

Fullerton, Tracy. 2008. *Game Design Workshop: A Playcentric Approach to Creating Innovative Games*, 2nd ed. New York: Elsevier.（『中ヒットに導くゲームデザイン ― アイデアからチームマネジメントまで失敗しないためのプロジェクト設計』中本浩訳、ボーンデジタル、2015年）

Gaver, William. 2009. Designing for Homo Ludens, Still. In *Re)Searching the Digital Bauhaus*, edited by Thomas Binder, Jonas Löwgren, and Lone Malmborg. London: Springer.

Gaver, William W, John Bowers, Andrew Boucher, Hans Gellerson, Sarah Pennington, Albrecht Schmidt, Anthony Steed, Nicholas Villars, and Brendan Walker. 2004. The Drift Table: Designing for Ludic Engagement. In *CHI '04 Extended Abstracts on Human Factors in Computing Systems*. New York: ACM Press.

Goffman, Erving. 1959. *The Presentation of the Self in Everyday Life*. New York: Anchor.（『行為と演技 ― 日常生活における自己呈示』石黒毅訳、誠信書房、1974年）

Goffman, Erving. 1961. *Encounters: Two Studies in the Sociology of Interaction*. Indianapolis: Bobbs-Merrill.（『出会い ― 相互行為の社会学』佐藤毅・折橋徹彦訳、誠信書房、1985年）

Goldblatt, David. 2006. *The Ball Is Round: A Global History of Soccer*. New York: Riverhead Books.

Grayson, Kent. 1999. The Opportunities and Dangers of Playful Consumption. In

Consumer Value: A Framework for Analysis and Research, edited by Morris B. Holbrook. London: Routledge.

Geyh, Paula. 2006. Urban Free Flow: A Poetics of Parkour. *M/C Journal* 9 (3).

Gumbrecht, Hans Ulrich. 2006. *In Praise of Athletic Beauty*. Cambridge, MA: Harvard University Press.

Hallnäs, Lars, and Johan Redström. 2002. From Use to Presence: On the Expressions and Aesthetics of Everyday Computational Things. *ACM Transactions on Computer-Human Interaction* 9 (2): 106–124.

Hallnäs, Lars, and Johan Redström. 2001. Slow Technology: Designing for Reflection. *Personal and Ubiquitous Computing* 5 (3): 201–212.

Halsall, Francis, Julia Jansen, and Tony O'Connor, eds. 2009. *Rediscovering Aesthetics: Transdisciplinary Voices from Art History, Philosophy, and Art Practice*. Stanford, CA: Stanford University Press.

Hardman, Alun, Luanne Fox, Doug McLaughlin, and Kurt Zimmerman. 1996. On Sportsmanship and "Running Up the Score": Issues of Incompetence and Humiliation. *Journal of the Philosophy of Sport* 23 (1): 58–69.

Hekkert, Paul. 2006. Design Aesthetics: Principles of Pleasure in Design. *Psychological Science* 48 (2): 157–172.

Henricks, Thomas S. 2006. *Play Reconsidered: Sociological Perspectives on Human Expression*. Urbana: University of Illinois Press.

Henricks, Thomas S. 2009. Orderly and Disorderly Play: A Comparison. *American Journal of Play* 2: 12–40.

Hickey, Dave. 2007. Frivolity and Unction. In *The Artist's Joke*, edited by Jennifer Higgies. Cambridge, MA: MIT Press.

Holbrook, Morris B., and Elizabeth C. Hirschman. 1982. The Experiential Aspects of Consumption: Consumer Fantasies, Feelings, and Fun. *Journal of Consumer Research* 9 (2): 132–140.

Holbrook, Morris B., Robert W. Chestnutt, Terence A. Oliva, and Eric A. Greenleaf. 1984. Play as a Consumption Experience: The Roles of Emotions, Performance, and Personality in the Enjoyment of Games. *Journal of Consumer Research* 11 (2): 728–739.

Huizinga, Johan. 1992. *Homo Ludens: A Study of the Play-Element in Culture*. Boston: Beacon Press.（『ホモ・ルーデンス』高橋英夫訳、中央公論新社、2019年）

Isaacson, Walter. 2011. *Steve Jobs*. New York: Simon & Schuster.（『スティーブ・ジョブズ』井口耕二訳、講談社、2015年）

Juul, Jesper. 2005. *Half-Real: Video Games between Real Rules and Fictional Worlds*. Cambridge, MA: MIT Press.（『ハーフリアル ― 虚実のあいだのビデオゲーム』松永伸司

訳、ニューゲームズオーダー、2016年）

Juul, J. 2007. Swap Adjacent Gems to Make Sets of Three: A History of Matching Tile Games. *Artifact* 1 (4): 205–216.

Juul, Jesper. 2009. *A Casual Revolution*. Cambridge, MA: MIT Press.

Kaptelinin, Victor, and Bonnie A. Nardi. 2006. *Acting with Technology: Activity Theory and Interaction Design*. Cambridge, MA: MIT Press.

Kaprow, Allan. 2003. *Essays on the Blurring of Art and Life*. Berkeley: University of California Press.

Kester, Grant H. 2004. *Conversation Pieces: Community + Communication in Modern Art*. Berkeley: University of California Press.

Kester, Grant. 2011. *The One and the Many: Contemporary Collaborative Art in a Global Context*. Durham, NC: Duke University Press.

Kirkpatrick, Graeme. 2011. *Aesthetic Theory and the Video Game*. Manchester: Manchester University Press.

Kittler, Friedrich. 2010. *Optical Media*. Cambridge: Polity.

Knabb, Ken. 2007. *Situationist International Anthology*. London: Bureau of Public Secrets.

Knuttila, Lee. 2011. User Unknown: 4chan, Anonymity and Contingency. *First Monday* 16: 10–13.

Koster, Raph. 2005. *A Theory of Fun for Game Design*. Scottsdale, AZ: Paraglyph Press.（『「おもしろい」のゲームデザイン —— 楽しいゲームを作る理論』酒井皇治訳、オライリー・ジャパン、2005年）

Kozlovsky, Roy. 2008. Adventure Playgrounds and Postwar Reconstruction. In *Designing Modern Childhoods: History, Space, and the Material Culture of Children*, edited by Marta Gutman, Ning de Coninck-Smith, and Paula S. Fass, 171–190. New Jersey: Rutgers University Press.

Krippendorff, Klaus. 1995. On the Essential Contexts of Artifacts or on the Proposition That Design Is Making Sense (of Things). In *The Idea of Design: A Design Issues Reader*, edited by Victor Margolin and George R. Buchanan, 156–184. Cambridge, MA: MIT Press.

Kupfer, Joseph H. 1988. Sport—the Body Electric. In *Philosophic Inquiry in Sport*, edited by William J. Morgan and Klaus V. Meier. Champaign, IL: Human Kinetics.

Kwastek, Katja. 2013. *Aesthetics of Interaction in Digital Art*. Cambridge, MA: MIT Press.

Latour, Bruno. 1992. Where Are the Missing Masses? The Sociology of a Few Mundane Artifacts. In *Shaping Technology/Building Society*, edited by Wiebe Bijker and John Law. Cambridge, MA: MIT Press.

Latour, Bruno. 2005. *Reassembling the Social: An Introduction to Actor-Network-Theory*. Oxford: Oxford University Press.（『社会的なものを組み直す —— アクターネットワーク理

論入門』伊藤嘉高訳、法政大学出版局、2019年）
Latour, Bruno. 2013. *An Inquiry into Modes of Existence.* Cambridge, MA: Harvard University Press.
Law, John, and John Hassard. 1999. *Actor Network Theory and After.* Oxford: Blackwell.
Lentini, Laura, and Françoise Decortis. 2010. Space and Places: When Interacting with and in Physical Space Becomes a Meaningful Experience. *Personal and Ubiquitous Computing* 14 (5): 407–415.
Lessig, Lawrence. 2000. *Code: And Other Laws of Cyberspace.* New York: Basic Books.（『Code —— インターネットの合法・違法・プライバシー』山形浩生・柏木亮二訳、翔泳社、2001年）
Lieberman, Josefa Nina. 1977. *Playfulness: Its Relationship to Imagination and Creativity.* New York: Academic Press New York.（『「遊び方」の心理学 —— 遊びの中にみる想像と創造性』澤田慶輔・澤田瑞也訳、サイエンス社、1980年）
Lim, Youn-Kyung, Erik Stolterman, and Josh Tenenberg. 2008. The Anatomy of Prototypes: Prototypes as Filters, Prototypes as Manifestations of Design Ideas. *ACM Transactions on Computer-Human Interaction* 15 (2): 1–27.
Meier, Klaus V. 1988. An Affair of Flutes: An Appreciation of Play. In *Philosophic Inquiry in Sport*, edited by William J. Morgan and Klaus V. Meier. Champaign, IL: Human Kinetics.
Molesworth, Mike, and Janice Denegri-Knott. 2008. The Playfulness of eBay and the Implications for Business as a Game-Maker. *Journal of Macromarketing* 28 (4):369–380.
Morgan, William J., and Klaus V. Meier, eds. 1988. *Philosophic Inquiry in Sport.* Champaign, IL: Human Kinetics.
Mould, Oli. 2009. Parkour, the City, the Event. *Environment and Planning D: Society & Space* 27 (4):738.
Munthe-Kaas, Peter. 2011. System Danmarc. In *Nordic LARP*, edited by Jaako Stenros and Markus Montola, 210–221. Stockholm: Fëa Livia.
Murray, Janet. 1998. *Hamlet on the Holodeck. The Future of Narrative in Cyberspace.* Cambridge, MA: MIT Press.（『デジタル・ストーリーテリング —— 電脳空間におけるナラティヴの未来形』有馬哲夫訳、国文社、2000年）
Nam, Tek-Jin, and Changwon Kim. 2011. Design by Tangible Stories: Enriching Interactive Everyday Products with Ludic Value. *International Journal of Design* 5 (1): 85–98.
Newton, Sidney. 2004. Designing as Disclosure. *Design Studies* 25 (1): 93–109.
Nietzsche, Friedrich. 1993. *The Birth of Tragedy.* London: Penguin.（『悲劇の誕生』秋山英夫訳、岩波書店、2010年）
Nitsche, Michael. 2008. *Video Game Spaces: Image, Play, and Structure in 3D Game Worlds.* Cambridge, MA: MIT Press.

Norman, Donald. 2002. *The Design of Everyday Things*. New York: Basic Books.（『誰のためのデザイン？ ― 認知科学者のデザイン原論』岡本明・安村通晃・伊賀聡一郎・野島久雄訳、新曜社、2015年）

Norman, Donald. 2004. *Emotional Design: Why We Love (or Hate) Everyday Things*. New York: Basic Books.（『エモーショナル・デザイン ― 微笑を誘うモノたちのために』岡本明・安村通晃・伊賀聡一郎・上野晶子訳、新曜社、2004年）

Norman, Donald. 2010. *Living with Complexity*. Cambridge, MA: MIT Press.（『複雑さと共に暮らす ― デザインの挑戦』伊賀聡一郎・岡本明・安村通晃訳、新曜社、2011年）

O'Grady, Alice. 2012. Tracing the City — Parkour Training, Play and the Practice of Collaborative Learning. *Theatre. Dance and Performance Training* 3 (2): 145–162.

Pye, David. 1978. *The Nature and Aesthetics of Design*. London: Barrie and Jenkins.

Rawlinson, C., and M. Guaralda. 2011. Play in the City: Parkour and Architecture. In *The First International Postgraduate Conference on Engineering, Designing and Developing the Built Environment for Sustainable Wellbeing*. Queensland University of Technology, April 27. Retrieved from http://eprints.qut.edu.au/42506/.

Richter, Hans. 1997. *Dada: Art and Anti-Art (World of Art)*. New York: Thames and Hudson.（『ダダ ― 芸術と反芸術』針生一郎訳、美術出版社、1981年）

Ritzer, George. 2000. *Sociological Theory*, 5th ed. New York: McGraw-Hill.

Salen, Katie, and Eric Zimmerman. 2004. *Rules of Play: Game Design Fundamentals*. Cambridge, MA: MIT Press.（『ルールズ・オブ・プレイ』山本貴光訳、ソフトバンククリエイティブ、2011/2013年）

Sartre, Jean-Paul. 1988. Play and Sport. In *Philosophic Inquiry in Sport*, edited by William J. Morgan and Klaus V. Meier. Champaign, IL: Human Kinetics.（『存在と無 ― 現象学的存在論の試み〈3〉』松浪信三郎訳、筑摩書房、2008年）

Savicic, Gordan, and Selena Savic. 2012. *Unpleasant Design*. Rotterdam: Artist Edition.

Schechner, Richard. 1988. Playing. *Play and Culture* 1: 3–19.

Schechner, Richard. 2006. *Performance Studies: An Introduction*, 2nd ed. New York: Routledge.

Schmitz, Kenneth L. 1988. Sport and Play: Suspension of the Ordinary. In *Philosophic Inquiry in Sport*, edited by William J. Morgan and Klaus V. Meier. Champaign, IL: Human Kinetics.

Schüll, Natasha Döw. 2012. *Addiction by Design: Machine Gambling in Las Vegas*. Princeton, NJ: Princeton University Press.（『デザインされたギャンブル依存症』日暮雅通訳、青土社、2018年）

Schwartz, Mattathias. 2008. The Trolls among Us. *New York Times*, August 3.

Seitinger, Susanne, Elisabeth Sylvan, Oren Zuckerman, Marko Popovic, and Orit Zuckerman. 2006. A New Playground Experience: Going Digital? In *CHI'06 Extended*

Abstracts on Human Factors in Computing Systems.

Sengers, Phoebe, Kirsten Boehner, Shay David, and Joseph Kaye. 2005. Reflective Design. In *Proceedings of the 4th Decennial Conference on Critical Computing: Between Sense and Sensibility*, edited by Olav W. Bertelsen, Niels Olof Bouvin, Peter G. Krogh, and Morten Kyng, 49–58. ACM, New York.

Sengers, Phoebe, and Bill Gaver. 2006. Staying Open to Interpretation: Engaging Multiple Meanings in Design and Evaluation. In *Proceedings of the 6th Conference on Designing Interactive Systems*, 99–108. ACM, New York.

Sicart, Miguel. 2011. Against Procedurality. *Game Studies* 11 (3). http://gamestudies.org/1103/articles/sicart_ap.

Simon, Herbert A. 1996. *The Sciences of the Artificial*, 3rd ed. Cambridge, MA: MIT Press.（『システムの科学』稲葉元吉・吉原英樹訳、パーソナルメディア、1999年）

Solomon, Susan G. 2005. *American Playgrounds: Revitalizing Community Space.* NH, Lebanon: University Press of New England.

Soute, Iris, Panos Markopoulos, and Remco Magielse. 2010. Head Up Games: Combining the Best of Both Worlds by Merging Traditional and Digital Play. *Personal and Ubiquitous Computing* 14 (5): 435–444.

Stenros, Jaako, and Markus Montola, eds. 2011. *Nordic LARP.* Stockholm: Fëa Livia.

Stewart, Susan. 1993. *On Longing: Narratives of the Miniature, the Gigantic, the Souvenir, the Collection.* Durham, NC: Duke University Press.

Stiles, Kristine. 2007. Fluxus Performance and Humour. In *The Artist's Joke*, edited by Jennifer Higgies. Cambridge, MA: MIT Press.

Stolterman, Erik, and Jonas Löwgren. 2004. *Thoughtful Interaction Design: A Design Perspective on Information Technology.* Cambridge, MA: MIT Press.

Suits, Bernard. 1988. Tricky Triad: Games, Play and Sport. In *Philosophic Inquiry in Sport*, edited by William J. Morgan and Klaus V. Meier. Champaign, IL: Human Kinetics.

Suits, Bernard. 2005. *The Grasshopper: Games, Life and Utopia.* Peterborough, Ontario: Broadview Press.（『キリギリスの哲学 ― ゲームプレイと理想の人生』川谷茂樹・山田貴裕訳、ナカニシヤ出版、2015年）

Sutton-Smith, Brian. 1986. *Toys as Culture.* New York: Gardner Press.

Sutton-Smith, Brian. 1997. *The Ambiguity of Play.* Cambridge, MA: Harvard University Press.

Taylor, T.L. 2006a. Does Wow Change Everything? How a PvP Server, Multinational Playerbase, and Surveillance Mod Scene Caused Me Pause. *Games and Culture* 1 (4): 318–337.

Taylor, T.L. 2006b. *Play between Worlds: Exploring Online Game Culture.* Cambridge, MA: MIT Press.

Taylor, T.L. 2009. The Assemblage of Play. *Games and Culture* 4 (4): 331–339.

Turkle, Sherry, ed. 2007. *Evocative Objects: Things We Think With*. Cambridge, MA: MIT Press.

Verbeek, Peter Paul. 2006. *What Things Do: Philosophical Reflections on Technology, Agency, and Design*. University Park: Pennsylvania State University Press.

Vichot, Ray. 2009. Doing It for the "Lulz": Online Communities of Practice and Offline Tactical Media. Master's thesis, Georgia Institute of Technology. Retrieved from http://smartech.gatech.edu/bitstream/handle/1853/28098/vichot_ray_200905_mast.pdf?sequence=1.

Virtanen, Jori, and Jami Jokinen. 2011. Ground Zero. In *Nordic LARP*, edited by J. Stenros and M. Montola, 64–71. Stockholm: Fëa Livia.

von Schiller, Friedrich. 1988. Play and Beauty. In *Philosophic Inquiry in Sport*, edited by William J. Morgan and Klaus V. Meier. Champaign, IL: Human Kinetics.（『人間の美的教育について』小栗孝則訳、法政大学出版局、2003年）

Waern, Annika. 2011. "I'm in Love with Someone That Doesn't Exist!!" Bleed in the Context of a Computer Game. In *Nordic Digra Proceedings*. http://www.digra.org/dl/db/10343.00215.pdf.

Waern, Annika, Elena Balan, and Kim Nevelsteen. 2012. Athletes and Street Acrobats: Designing for Play as a Community Value in Parkour. In *Proceedings of the 2012 ACM Annual Conference on Human Factors in Computing Systems*.

Wardrip-Fruin, Noah. 2009. *Expressive Processing. Digital Fictions, Computer Games, and Software Studies*. Cambridge, MA: MIT Press.

Wark, McKenzie. 2011. *The Beach beneath the Street: The Everyday Life and Glorious Times of the Situationist International*. New York: Verso.

Wiener, Norbert. 1988. *The Human Use of Human Beings: Cybernetics and Society*. New York: Da Capo Press.（『人間機械論 ── 人間の人間的な利用』鎮目恭夫・池原止戈夫訳、みすず書房、2014年）

Wilhelmsson, Ulf. 2006. Computer Games as Playground and Stage. In *Proceedings of the 2006 International Conference on Game Research and Development* (CyberGames '06), 62–68. Murdoch University, Australia.

Wilson, Douglas. 2011. Brutally Unfair Tactics Totally OK Now: On Self-Effacing Games and Unachievements. *Game Studies* 11 (1). http://gamestudies.org/1101/articles/wilson.

Wilson, Douglas, and Miguel Sicart. 2010. "Now It's Personal. On Abusive Game Design." In *Proceedings of the International Academic Conference on the Future of Game Design and Technology* (Futureplay '10), 40–47. ACM, New York.

Wilson, Jonathan. 2008. *Inverting the Pyramid: A History of Football Tactics*. London: Orion Books.（『サッカー戦術の歴史 ── 2-3-5から4-6-0へ』野間けい子訳、筑摩書房、2010年）

Winner, Langdon. 1986. *The Whale and the Reactor: A Search for Limits in an Age of High*

Technology. Chicago: University of Chicago Press.（『鯨と原子炉 — 技術の限界を求めて』吉岡斉・若松征男訳、紀伊國屋書店、2000年）

Wittgenstein, Ludwig. 1991. *Philosophical Investigations*. Oxford: Wiley-Blackwell.（『ウィトゲンシュタイン全集8 哲学探究』藤本隆志訳、大修館書店、1976年）

Wright, Peter, Jayne Wallace, and John McCarthy. 2008. Aesthetics and Experience-Centered Design. *ACM Transactions on Computer-Human Interaction* 15 (4): 1–21.

Youngman, Hennessy. 2011. Hennessy Youngman on Relational Aesthetics. March 15. http://www.youtube.com/watch?v=7yea4qSJMx4&list=UU1kdURWGVjuksaqGK3oGoxA&index=11.

著者

ミゲル・シカール（Miguel Angel Sicart）

現在、コペンハーゲンIT大学のデジタルデザイン学科・コンピュータゲーム研究センター准教授。現代ゲームスタディーズの第一人者のひとりで、技術の哲学や文学理論をベースに、ゲームにとどまらず広く遊びに関わるものごとを論じている。著書に本書『Play Matters』（MIT Press, 2014）のほか、『The Ethics of Computer Games』（MIT Press, 2009）、『Beyond Choices』（MIT Press, 2013）がある。

訳者

松永伸司（まつなが・しんじ）

専門はゲーム研究と美学。現在、さまよっています。著書に『ビデオゲームの美学』（慶應義塾大学出版会、2018年）、訳書にイェスパー・ユール『ハーフリアル』（ニューゲームズオーダー、2016年）、ネルソン・グッドマン『芸術の言語』（慶應義塾大学出版会、2017年）など。

プレイ・マターズ
遊び心の哲学

Playful Thinking

2019年4月30日　初版発行
2021年5月20日　第2刷

著者　ミゲル・シカール
訳者　松永伸司

装丁・装画　YACOYON
本文デザイン　戸塚泰雄（nu）
編集　藪崎今日子（フィルムアート社）

発行者　上原哲郎
発行所　株式会社フィルムアート社
〒150-0022
東京都渋谷区恵比寿南1-20-6　第21荒井ビル
tel 03-5725-2001　fax 03-5725-2626
http://www.filmart.co.jp/
印刷・製本　シナノ印刷株式会社

Printed in Japan
ISBN978-4-8459-1801-0　C0010